« Nous vivons dans un âge où les valeurs bibliques de l'Église sont toutes attaquées. Notre génération fuit l'engagement et les responsabilités, fuit l'autorité et le soutien de ses leaders, fuit l'humilité et le service. Avec son livre, une fois de plus, Mark Dever tape dans le mille. En revenant aux bases bibliques de la structure de l'Église – le rôle des diacres, des anciens, de l'assemblée et du rôle des membres –, Dever offre une excellente ressource pour mieux comprendre et mieux aimer l'Église de Dieu. Clair, concis et solide, je recommande *Une manifestation de la gloire de Dieu* à tous ceux qui souhaitent s'engager dans leur Église locale. »

– Philippe Viguier
Pasteur de l'Église Protestante Évangélique de Villeurbanne-Cusset ;
coordinateur d'Hymnes21, auteur du livre Résolu

« L'Église locale est plus importante qu'on ne le pense. Dans ce livre court et basé sur la Bible, Mark Dever nous encourage à vivre et organiser l'Église comme Dieu le veut, dans quatre domaines en particulier, afin de manifester sa gloire. »

– Benjamin Eggen
Coordinateur du blog La Rébellution ; coauteur du livre Une vie de défis

« Cet outil, succinct mais puissant, guidera les conseils d'anciens dans leurs discussions en vue d'assurer que les membres, diacres et anciens de l'Église locale agissent dans le respect des prescriptions bibliques. Une Église administrée selon le conseil de Dieu manifestera la gloire de Dieu. »

– François Turcotte
Directeur général, Séminaire Baptiste Évangélique du Québec
(SEMBEQ), Montréal

Le leadership est l'un des sujets importants qui préoccupent les Églises locales d'aujourd'hui. Les livres traitant de l'efficacité et du caractère des leaders sont nombreux, mais une grande confusion persiste en ce qui a trait aux rôles, responsabilités et autorité des pasteurs et leaders laïques, surtout lorsqu'il s'agit de l'organisation et de l'administration de l'Église. L'ouvrage du Dr Dever doit être lu par tout pasteur ou leader laïque qui cherche à diriger une Église saine, portant du fruit. Il traite avec clarté et perspicacité les aspects théologiques et pratiques des sujets reliés à la fonction d'ancien, de diacre, de pasteur, de leader, ainsi que l'adhésion des membres, tout en respectant le contexte historique des politiques ecclésiastiques congrégationalistes. Je n'ai jamais lu de manuel aussi concis et clair, expliquant la façon d'organiser et de conduire une Église biblique, saine et agissante.

- Brad Waggoner, Ph.D.
Doyen de la School of Christian Education and Leadership
Southern Baptist Theological Seminary

Une manifestation de la gloire de Dieu aborde d'un point de vue biblique un sujet qui, de nos jours, a grand besoin d'être repensé dans nos Églises. La force de ce manuel réside avant tout dans sa reconnaissance de la toute-suffisance des Écritures, à un moment où le pragmatisme gagne de plus en plus de terrain. L'affirmation inébranlable de Dever à l'effet que la Bible est son point de départ et son guide continuel devrait nous inciter à nous examiner nous-mêmes et à lui faire confiance. Ce livret est imprégné d'une sagesse pratique qui découle d'une joyeuse acceptation de la toute- suffisance des Écritures, ainsi que d'une joyeuse confiance en la sagesse et la bonté de Dieu, tel que le décret biblique nous le montre. À l'époque actuelle, l'étude minutieuse et consciencieuse de ce sujet d'un point de vue biblique fait terriblement défaut. Cet ouvrage est une exception, rendue d'autant plus utile par son approche concise et concentrée.

- Mike Bullmore
Professeur associé de théologie pratique
Trinity Evangelical Divinity School et
Premier pasteur de Crossway Community Church, Kenosha, Wisconsin

Ce manuel succinct et utile illustre comment une assemblée de croyants a organisé sa vie communautaire sous l'autorité de Christ. Mark Dever fait ressortir des principes bibliques transmis grâce au sage héritage baptiste, mais vécus au sein d'une assemblée grandissante et dynamique, en plein cœur de la capitale nationale. Tous les lecteurs ne pourront être d'accord avec tous les détails de ce livre, mais tous ceux qui prennent le Nouveau Testament au sérieux ne peuvent ignorer les questions qui y sont posées.

*- **Timothy George***
Doyen de la Beeson Divinity School, Samford University

Le plus grand mérite de ce manuel est la capacité de Dever de rassembler toutes les évidences bibliques et de les traduire en une approche des structures de l'Église qui répond aux questions de base de l'implantation. Chaque chapitre ouvre la voie à une politique ecclésiastique plus saine – un ministère diaconal biblique, une pluralité d'anciens au sein d'un congrégationalisme global et un plaidoyer en faveur de l'adhésion des membres. À tous ceux qui ressentent un malaise quant à l'organisation de nos Églises, ce livret ouvre le chemin vers une approche biblique qui glorifie Dieu.

*- **John Hammett***
Professeur associé de théologie
Southeastern Baptist Theological Seminary

L'ouvrage de Mark Dever se compare à un levier de vitesse pour les leaders qui cherchent à provoquer une réforme en profondeur dans leurs Églises. Il donne des réponses claires et bibliques aux multiples questions que les pasteurs et les leaders se posent sur ces sujets importants. J'aurais aimé avoir ce manuel lorsque j'ai commencé mon ministère pastoral. J'en recommanderai la lecture dans mes classes et partout au pays.

*- **Don Whitney***
Professeur adjoint à la formation spirituelle
Midwestern Baptist Theological Seminary

Une manifestation de la gloire de Dieu

Une approche biblique du leadership et
du gouvernement de l'Église locale

MARK DEVER

éditions cruciforme

Édition originale en anglais sous le titre :
A Display of God's Glory
© 2001 par Mark E. Dever.
Publié par The Center for Church Reform.
Traduit et publié avec permission. Tous droits réservés.

Pour l'édition française :
Une manifestation de la gloire de Dieu : une approche biblique du leadership et du gouvernement de l'Église locale
© 2009, 2019 Publications Chrétiennes, Inc.
Publié par Éditions Cruciforme
230, rue Lupien, Trois-Rivières (Québec)
G8T 6W4 – Canada
Site Web : www.editionscruciforme.org
Tous droits de traduction, de reproduction et d'adaptation réservés.

Traduction : Élaine Cossette
Révision : Louise Denniss
Mise en page : Aristide Therrien, Rachel Major
Adaptation de la couverture : Rachel Major

ISBN : 978-2-924595-61-9

Dépôt légal – 3e trimestre 2019
Bibliothèque et Archives nationales du Québec
Bibliothèque et Archives Canada

« Éditions Cruciforme » est une marque déposée de
Publications Chrétiennes, Inc.

Sauf mention contraire, les citations bibliques sont tirées de la Nouvelle Version Segond révisée (Colombe), 1978. Avec permission.

TABLE DES MATIÈRES

INTRODUCTION — 9

Chapitre I – LES DIACRES — 13

Chapitre II – LES ANCIENS — 25

Chapitre III – LE CONGRÉGATIONALISME — 39

Chapitre IV – L'ADHÉSION DES MEMBRES — 55

CONCLUSION — 69

INTRODUCTION

Je me souviens qu'en huitième année, j'avais utilisé le mot « politique » dans l'un de mes devoirs et ma professeure d'anglais, alors âgée de 24 ans, l'avait encerclé comme une erreur. Frémissant d'une joie toute naïve, je lui avais apporté le dictionnaire pour lui lire une définition qui ressemblait un peu à celle-ci : « L'organisation créée pour s'occuper des affaires, particulièrement des affaires publiques; gouvernement. » La politique est donc constituée de gestion, d'organisation, de gouvernement et de niveaux d'autorité.

En tant que chrétiens, nous travaillons avec ardeur à ce que nos vies soient fondées sur l'enseignement des Écritures. Toutefois, il est impératif de s'interroger : L'Écriture aborde-t-elle clairement les questions de la politique ou de l'organisation de l'Église? Si elle le fait, qu'enseigne-t-elle au juste à ce sujet? Il est entendu que nous, chrétiens, croyons que la Parole nous suffit pour prêcher et faire des disciples, qu'elle est pleinement satisfaisante pour notre vie spirituelle et notre joie à suivre Jésus-Christ, ainsi que pour la croissance de l'Église et notre compréhension de l'évangélisation. Cependant, l'Écriture a-t-elle aussi comme objectif de nous apprendre à organiser la vie communautaire dans nos Églises ou notre seul choix est-il de rechercher les meilleures pratiques dans ce domaine? La politique de l'Église présente-t-elle un intérêt quelconque? Est-ce une question qui doit être abordée du point de vue pragmatique seulement, en utilisant la méthode qui semble fonctionner le mieux, tout en permettant d'éviter efficacement les problèmes?

J'ai la conviction que Dieu, dans sa Parole, nous a révélé tout ce qu'il nous faut savoir pour l'aimer et le servir, incluant même l'organisation de nos Églises. Ce principe est partagé autant par les confessions baptistes, congrégationalistes et presbytériennes, que par plusieurs autres dans le passé et il est encore admis aujourd'hui par les hommes que Dieu a appelés à la prédication. Par contre, clarifions les choses. Lorsque nous disons que le Nouveau Testament nous instruit au sujet de la politique ecclésiastique, il ne s'agit pas d'affirmer que nos pratiques sont parfaites puis de chercher à les justifier par les Écritures. Au contraire, notre but doit être d'examiner la Bible, de reconnaître les aspects structurels et administratifs de base qui y sont enseignés, puis d'organiser nos Églises selon ces instructions.

Les pages du Nouveau Testament abondent en exemples qui nous montrent comment les premiers chrétiens organisaient leurs Églises. Nous y découvrons ainsi qu'ils se rencontraient à des moments précis (*Ac 20.7; He 10.25*), procédaient à des élections (*Ac 1.23-26; 6.5-6*), avaient des responsables (*Ph 1.1; Ac 20.17, 28*), exerçaient la discipline (*1 Co 5*), recueillaient les offrandes (*Rm 15.26; 1 Co 16.1-2*), écrivaient des lettres de recommandation (*Ac 18.27;* 2 Co 3.1), administraient les ordonnances (*Ac 2.41; 1 Co 11.23-26*) et tenaient à certaines exigences pour devenir membres (*Mt 28.19; Ac 2.47*). De toute évidence, Dieu nous a donné, dans sa Parole, des indications claires sur plusieurs aspects du fonctionnement de notre vie d'Église.

Comme il est salutaire pour nous que Dieu ait agi de cette manière! Nous possédons la certitude que sa Parole est utile et sert à harmoniser notre vie communautaire, au sein même de l'Église, et nous sommes de ce fait libérés de la tyrannie des dernières modes. Certains pasteurs de nos jours estiment qu'il *faut* avoir une chorale et des comités tandis que la prédication *pourrait* être facultative – si nous sentons que notre ministère vidéo n'est pas tout à fait au point pour meubler cette portion du culte – ou encore, que l'adhésion comme membre est volontaire – si nous ne pouvons imaginer d'idées plus créatrices. Toutefois, la Parole de Dieu réajuste notre compréhension de l'Église. Nous découvrons que la Bible établit des paramètres clairs pour notre instruction (tout en demeurant flexible dans l'application). Nous constatons que la prédication, de même que l'affiliation comme membre, ne sont pas facultatives, alors que les comités et les chorales le sont.

John L. Dagg (1794 – 1884) a écrit :

« L'ordre dans l'Église et les rites de la religion sont moins importants qu'un cœur nouveau. Certains considèrent donc que toute investigation sérieuse concernant ces questions peut paraître inutile et vaine. Pourtant, nous savons que d'après les Saintes Écritures, Christ nous a laissé des commandements à ce sujet et nous ne pouvons refuser d'y obéir. L'amour nous pousse à obéir et à rechercher ce qui est nécessaire pour connaître sa volonté. Poursuivons, dès lors, l'investigation qui est devant nous en priant avec ferveur que le Saint-Esprit, qui nous guide dans toute la vérité, nous aide aussi à comprendre la volonté de celui que nous aimons et adorons plus que tout. » (*Manual of Church Order, p.12*)

Ceci étant dit, nous ferions bien d'examiner l'enseignement des Écritures concernant certains aspects essentiels de l'organisation de l'Église. Plusieurs questions pourraient être prises en considération, mais je veux me concentrer sur quatre éléments fondamentaux qui reçoivent un enseignement clair de la part des Écritures – les diacres, les anciens, l'affiliation des membres et le congrégationalisme. Je prie que Dieu utilise notre travail pour nous aider à mieux comprendre ses desseins pour notre vie communautaire en Église.

LES DIACRES

I. Définition du diaconat
   A. Le service à l'époque néotestamentaire
   B. Le service dans la Bible
   C. Une distinction entre les diacres et les anciens

II. Le fondement historique
   A. L'Église primitive
   B. Les devoirs des diacres
   C. Les Églises romaines et grecques
   D. L'Église luthérienne
   E. Les diacres et la Réforme
   F. L'Église presbytérienne
   G. Les Églises baptistes et congrégationalistes

III. Les diacres selon Actes 6
   A. Les besoins physiques
   B   L'unité du Corps
   C. Le but des dons spirituels
   D. Un diacre n'est pas mesquin
   E. Un soutien au ministère de la Parole
   F. Les diacres ne forment pas une
        deuxième législature
   G. Les diacres coordonnent certains ministères

Les qualifications d'un diacre
   A. 1 Timothée 3
   B. Les femmes diaconesses

Résumé

Chapitre 1
LES DIACRES

Commençons par l'une des fonctions les plus familières dans nos Églises d'aujourd'hui, celles des diacres. Selon le style d'Église d'où nous sommes issus, l'image qui vient à l'esprit en pensant aux diacres peut être soit celle de banquiers aux cheveux gris, assis autour d'une longue table vernie dans un bureau richement meublé, ou bien celle de serviteurs zélés, s'occupant des divers ministères centrés sur les besoins, des campagnes d'évangélisation ou des soins pastoraux. Ces images représentent ce que sont les diacres dans nos Églises. Mais qu'en est-il dans la Bible?

I. Définition du diaconat

La société à l'époque du Nouveau Testament envisageait le fait de servir les autres de la même manière que nous. Les Grecs méprisaient cette tâche. Ils admiraient plutôt le développement du caractère et de la personnalité, dans l'optique de sauvegarder sa dignité personnelle. Le service diaconal était décrit par le terme péjoratif : « servile ».

La Bible pourtant, présente le service de façon tout à fait différente. Dans nos versions modernes du Nouveau Testament, le mot *diakonos* est habituellement traduit par « serviteur », de temps à autre par « ministre » ou « diacre », qui en est la traduction littérale. Il fait référence au service en général (*Ac 1.17, 25; 19.22; Rm 12.7; 1 Co 12.5; 16.15; Ép 4.12; Col 4.17; 2 Tm 1.18; Phm 13; He 6.10; 1 P 4.10-11; Ap 2.19*), à certaines autorités en particulier (*Rm 13.4*) ou aux soins apportés à des besoins physiques (*Mt 25.44; Ac 11.29; 12.25; Rm 15.25, 31; 2 Co 8.4, 19-20; 9.1, 12-13; 11.8*). Il est évident, d'après le Nouveau Testament, que les femmes peuvent en effectuer certaines des tâches (*Mt 8.15; Mc 1.31; Lc 4.39; Mt 27.55; Mc 15.41; voir aussi Lc 8.3; 10.40; Jn 12.2; Rm 16.1*). Les anges apportent aussi une assistance similaire (*Mt 4.11; Mc 1.13*). Il s'applique parfois expressément au service aux tables (*Mt 22.13; Lc 10.40; 17.8; Jn 2.5, 9; 12.2*) et bien qu'une telle tâche ait été méprisable aux yeux des Grecs, Jésus la considérait autrement. Il a déclaré dans Jean 12.26 : « Si quelqu'un me *sert*, qu'il me suive, et là où je suis, là aussi sera mon *diacre*. Si quelqu'un me *sert*, le Père l'honorera. » Dans Matthieu 20.26 (*voir aussi Mc 9.35*), Jésus a dit : « Mais quiconque veut être grand parmi vous, sera votre *diacre* » et un peu plus loin, il ajoute : « Le plus grand parmi vous sera votre *diacre*. » (*23.11; voir aussi Mc 10.43; Lc 22.26-27*)

En fait, Jésus s'est **lui-même** fait connaître comme un type de diacre ou de serviteur (*Mt 20.28; Mc 10.45; Lc 22.26-27; voir aussi Jn 13; Lc 12.37; Rm 15.8*). Les chrétiens sont présentés comme des diacres de Christ ou de son évangile. C'est l'expression utilisée pour décrire les apôtres (*Ac 6.1-7*) et Paul l'a souvent reprise pour se désigner lui-même et ceux qui travaillaient avec lui (*Ac 20.24; 1 Co 3.5; 2 Co 3.3, 6-9; 4.1; 5.18; 6.3-4; 11.23; Ép 3.7; Col 1.23; 1 Tm 1.12; 2 Tm 4.11*). Il qualifie de « diaconat » l'œuvre qu'il accomplit parmi les païens, ce groupe particulier qu'il a été appelé à servir (*Ac 21.19; Rm 11.13*). Il désigne Timothée comme un ministre (ou diacre) de Christ (*1 Tm 4.6; 2 Tm 4.5*), tandis que Pierre parle des prophètes de l'Ancien Testament comme exerçant un ministère auprès de nous, chrétiens (*1 P 1.12*). Les anges sont au service de Dieu (*He 1.14*) et il est même dit que Satan a des serviteurs (*2 Co 3.6-9; 11.15; Ga 2.17*).

Il est primordial de faire et de maintenir une distinction entre le ministère des diacres et celui des anciens.

D'une certaine façon, ils accomplissent tous deux un « diaconat », mais celui-ci revêt une forme très différente. Les sept premiers versets du chapitre six des Actes des apôtres constituent le passage clé où nous voyons que le ministère a été divisé en deux catégories : le service traditionnel (servir aux tables et combler les besoins physiques) et le ministère de la Parole (exercé par les apôtres et plus tard, par les anciens). Les diacres décrits dans

Actes 6 ressemblent beaucoup à des serveurs dans l'assemblée, tout au moins dans le sens administratif du terme. Ils doivent s'occuper des besoins matériels qui sont manifestes dans l'Église. Il est important de former un groupe qui prend la charge de ce ministère particulier parce que si nous omettons de le faire, ces deux types de service – soit la Parole (anciens) et le service aux tables (diacres) – seront confondus et l'un d'eux risque d'être délaissé au profit de l'autre. Les Églises ne devraient négliger ni la prédication de la Parole, ni l'aide pratique à ses membres puisque cette dernière favorise l'unité et permet d'obéir au commandement de s'aimer les uns les autres. Ces deux aspects de la vie et du ministère d'une assemblée sont aussi importants l'un que l'autre. Dans le but de nous assurer que nous possédons ces deux genres de service, examinons les particularités de chacun d'eux.

II. Le fondement historique

Au temps des apôtres, la situation dans les Églises était assez changeante, mais il semble qu'il y avait en permanence une pluralité d'anciens et de diacres. Immédiatement après la période néotestamentaire, ces deux fonctions ont été maintenues. Toutefois, le rôle d'ancien s'est bientôt divisé entre ceux d'évêques et de prêtres, tandis que les diacres continuaient à être répertoriés au côté de ces derniers, avec comme principale tâche de les assister. Il semble que dans l'Église primitive, cette fonction était occupée à vie. Cependant, les occupations qui s'y rattachaient variaient d'un endroit à un autre.

L'Église primitive

Les obligations remplies par les diacres pouvaient comprendre :

- Lire ou chanter les Écritures à l'Église

Les devoirs des diacres

- Recevoir les offrandes et garder un registre des donateurs

- Distribuer les offrandes aux évêques, aux prêtres et à eux-mêmes; aux femmes célibataires, aux veuves et aux pauvres

- Distribuer la cène

■ Conduire les prières durant le service et, avant la cène, avertir ceux qui ne pouvaient se prévaloir de cette ordonnance qu'il était temps de partir.

Ces éléments résument assez bien les devoirs qu'ils remplissaient, à partir du IIe et jusqu'au VIe siècle.

Les Églises romaines et grecques

Tout comme s'est développé un épiscopat monarchique, une sorte de diaconat monarchique s'est aussi formé au niveau inférieur. Le rôle d'évêque s'est répandu et celui d'archidiacre aussi. Celui-ci était le chef des diacres d'un endroit donné et s'apparentait à un assistant qui s'occupait des questions d'ordre pratique. Nous remarquons sans surprise que l'archidiacre de Rome devint particulièrement important. Je me contenterai d'ajouter que des abus ont été commis peu à peu et que les diacres, notamment les archidiacres, sont devenus passablement riches. Quelle ironie de penser que ceux qui étaient destinés à servir les autres se sont plutôt servis des autres pour satisfaire leurs propres désirs! L'influence des diacres a décliné au Moyen Âge, et ce, pour différentes raisons. Dans leur conception des choses, ceux qui aidaient les pauvres y voyaient davantage l'occasion de gagner la faveur de Dieu, dans le but d'abréger leur séjour au purgatoire.

L'Église orthodoxe orientale a toujours gardé cette fonction séparée des autres, avec des serviteurs laïques. En Occident, cependant, vers la fin du Moyen Âge, le fait de devenir diacre ne constituait qu'un pas de plus vers la prêtrise. Il en est toujours ainsi dans les Églises catholiques romaines et épiscopaliennes – les diacres sont des apprentis ministres qui servent à cette tâche pendant un an avant d'être ordonnés prêtres. Le concile Vatican II a reconsidéré la possibilité de revenir, dans l'Église catholique romaine, à un type de diaconat qui serait différent, permanent et plus biblique.

L'Église luthérienne

Luther a redonné à l'Église la responsabilité de s'occuper des besoins physiques, surtout des pauvres qui s'y attachent, mais les Églises luthériennes n'ont pas réinstauré l'idée du diacre telle que l'enseigne le Nouveau Testament. Aujourd'hui, les pratiques varient dans ces assemblées. À certains endroits, les diacres ne sont pas ordonnés tandis qu'ailleurs, tout aide-ministre ordonné est appelé de ce nom, notamment s'il a une charge pastorale ou d'évangélisation.

Lors de la Réforme, plusieurs des Églises protestantes plus évangéliques ont reconnu les directives bibliques selon lesquelles les diacres doivent être distincts des anciens ou des pasteurs. Certains protestants, comme Martin Butzer à Cambridge, ont recommandé avec insistance que les diacres soient rétablis dans leurs fonctions. Il était impératif, d'après eux, que dans chaque Église, ces serviteurs puissent distinguer les pauvres vraiment nécessiteux de ceux qui ne l'étaient pas, en menant une enquête discrète, puis ils devaient aider les premiers et expulser les autres. Il leur incombait aussi, dans la mesure du possible, de tenir un registre écrit des dons faits par les membres.

Les diacres et la Réforme

Les diacres de cette confession administrent les aumônes et s'occupent des pauvres et des malades (même s'il nous apparaît que ces tâches ont été, en grande partie, prises en charge par le monde séculier). Ils constituent un groupe distinct des anciens, à qui ils sont redevables. Plusieurs Églises baptistes et congrégationalistes fonctionnaient ainsi dans le passé. Quelques-unes ont conservé cette façon de s'organiser et la plupart en ont gardé au moins partiellement la structure.

L'Église presbytérienne

Par contre, dans ces Églises, les diacres se voient couramment confier des mandats plus spirituels. Ils aident le pasteur dans ses multiples tâches, en particulier lors du repas du Seigneur et leur travail a changé pour devenir une sorte de conseil de direction et d'administration de l'Église, surtout dans les assemblées où il n'y a plus de conseil d'anciens. Les diacres servent souvent de manière active pendant une période de temps limitée, bien que ce titre leur soit habituellement conféré pour la vie.

Les Églises baptistes et congrégationalistes

C'est ainsi que les chrétiens ont fonctionné. Les Écritures, quant à elles, ont-elles quelque chose à nous dire pour améliorer nos pratiques?

III. Les diacres selon Actes 6

Comme nous l'avons déjà mentionné, le mot *diakonos* apparaît plusieurs fois dans le Nouveau Testament. En revanche, la description la plus claire que nous en ayons se trouve dans Actes 6 où nous croyons que les premiers diacres ont été mis à part. D'après ce passage, nous pouvons observer trois aspects de ce ministère qui s'exerce parmi nous.

Les besoins
physiques

Tout d'abord, les diacres ont le devoir de s'occuper des besoins physiques dans l'Église. Selon Actes 6.1, certains chrétiens étaient « négligés dans le service quotidien ». Nous avons déjà noté que la racine du mot *diacre* signifie ministre ou serviteur et il était notamment utilisé à cette époque pour parler du service aux tables ou d'autres genres de soutien, d'ordre matériel ou financier. Les apôtres, au verset 2, précisent qu'il s'agit bien de *servir aux tables*. Ils prenaient soin des besoins concrets. C'est le premier aspect du ministère des diacres. Il importe aussi de remarquer que d'après Actes 6, ceux-ci ne faisaient probablement pas tout le travail eux-mêmes; ils répartissaient plutôt les tâches entre différents chrétiens dans l'Église et s'assuraient que le travail était accompli.

Il est primordial de prendre soin des autres, en particulier des chrétiens – de façon encore plus spéciale des membres de notre propre assemblée – et ce, pour diverses raisons : veiller à leur bien-être physique et spirituel, être une source d'encouragement, leur démontrer et leur rappeler que Dieu s'occupe d'eux et être des témoins auprès de ceux de l'extérieur. Que nous a dit Jésus dans Jean 13.35? « À ceci tous connaîtront que vous êtes mes disciples, si vous avez de l'amour les uns pour les autres. » La sollicitude présentée dans ce passage démontre exactement à quoi ressemble l'amour calqué sur celui de Jésus.

En y regardant de plus près, toutefois, nous discernons nettement que ce service n'est pas seulement utile aux pauvres, mais à tout le Corps. **Cette remarque nous permet d'aborder le deuxième aspect du ministère exercé par les diacres dans Actes**

6 – il est centré sur l'unité du Corps.

Si vous examinez ce passage de manière plus abstraite, vous pouvez vous demander : « Que faisaient-ils véritablement lorsqu'ils prenaient soin des veuves? » Ils travaillaient pour que la distribution de nourriture soit plus équitable parmi ces femmes. C'est un fait, mais pourquoi était-ce si important? Parce que cette négligence d'ordre *matériel* était la cause d'une division *spirituelle* au sein de l'assemblée. Les premiers versets d'Actes 6 en font foi : « En ces jours-là, comme les disciples se multipliaient, les Hellénistes murmurèrent contre les Hébreux, parce que leurs veuves étaient négligées dans le service quotidien. » Un groupe de chrétiens avaient commencé à se plaindre d'un autre groupe. C'est ce qui semble avoir attiré l'attention des apôtres. Ils n'étaient pas seulement intéressés à régler un problème de manque de générosité dans l'Église. Ils voulaient empêcher que l'unité ne se morcelle et ne se brise et ce, pour une raison particulièrement dangereuse : à cause de différences culturelles traditionnelles. Les diacres ont été nommés pour éviter une division dans l'Église.

L'unité du Corps

Nous sommes en présence de l'objectif visé par *tous* les dons que l'Esprit de Dieu donne à son Église – l'encouragement et l'édification (*voir Rm 1.11-12*). Paul affirme aux Corinthiens que les dons de Dieu sont distribués « pour l'utilité commune » (*1 Co 12.4-7*). Il exhorte donc les premiers chrétiens par ces paroles : « De même vous, puisque vous aspirez aux dons spirituels, que ce soit **pour l'édification de l'Église**. » (*1 Co 14.12*) Il ajoute même : « … que tout se fasse pour l'édification » (*14.26*). Jean Calvin commentait ainsi 1 Co 14.12 : « Plus une personne souhaite se consacrer à l'édification, plus Paul désire qu'elle soit estimée. » Pierre écrit aussi : « Puisque chacun a reçu un don, mettez-le au service des autres en bons intendants de la grâce si diverse de Dieu. » (*1 P 4.10*)

Le but des dons spirituels

Les diacres tels que décrits dans Actes 6 exercent ce ministère spécial d'édification et d'unification. C'est pourquoi cette fonction ne peut être correctement remplie par des gens qui ne sont pas satisfaits de l'Église. Ils ne font pas partie de ceux qui se plaignent

Un diacre n'est pas mesquin

à voix haute ou qui bouleversent l'assemblée par leurs paroles ou leurs actions. Au contraire! Ils servent plutôt de *silencieux* et *d'amortisseurs*.

En conséquence, les individus qui aspirent à servir comme diacres dans une Église ne doivent pas être mesquins. Ils ne doivent pas entretenir de « fief » – s'occuper de leur domaine, des droits et privilèges attachés à ce domaine ou même s'offusquer en secret de l'aide des autres qui feraient intrusion dans leur département! Les diacres ne sont pas mis à part pour défendre leur cause ou vanter leur marchandise comme des représentants ou des lobbyistes. Ils doivent plutôt agir pour le compte de l'ensemble des gens – répondre aux besoins individuels, certes – mais en gardant à l'esprit le groupe dans son entier et en sachant que leur travail contribue au bien-être de tous. Bien plus, ils doivent pouvoir aider les autres à comprendre que leur ministère particulier sert à unifier et à édifier l'Église dans son ensemble. Leur service favorise l'édification en ce qu'il nous permet de nous attacher l'un à l'autre par une chaîne d'amour et d'assistance bienveillante.

Un soutien au ministère de la Parole

À un autre niveau, ces hommes étaient désignés pour *soutenir le ministère des apôtres*. Selon Actes 6.3, les apôtres ont vraisemblablement reconnu que l'une des responsabilités de l'Église était de pourvoir aux besoins physiques et qu'en quelque sorte, cette charge leur incombait aussi. Ils ajoutent cependant qu'ils confieront cette tâche à un autre groupe de l'assemblée. Dans ce sens, les diacres n'aidaient pas seulement le Corps dans son ensemble, mais aussi les apôtres et anciens dont le travail principal était d'une autre nature.

Les diacres ne forment pas une deuxième législature

C'est pourquoi les diacres ne constituaient pas une autorité indépendante ou une seconde assemblée législative mise en place pour approuver les projets de loi. Ils étaient des ***serviteurs*** qui venaient en aide à l'Église tout entière en déchargeant les principaux enseignants de certaines tâches qu'ils ne pouvaient accomplir eux-mêmes. Ils soutenaient avant tout les prédicateurs de la Parole, ils encourageaient et appuyaient le ministère des anciens. S'il en est ainsi, les personnes déjà imprégnées d'un grand sentiment de sollicitude devraient remplir la fonction de diacre dans l'Église. Nous devrions rechercher ceux qui possèdent ce don d'encouragement afin que plus de gens soient bénis par leur service.

À notre église de Washington, DC, nous ne considérons pas nos diacres comme une assemblée délibérante, mais plutôt comme des gens qui coordonnent certains ministères particuliers selon les besoins. Nous espérons et prions pour que le travail que chacun d'eux accomplit serve à nous unir, à aider des individus, à assister tout le Corps et à glorifier Dieu en tout. Par exemple, l'un de nos diacres voit au ministère de l'hospitalité, un autre coordonne notre radio et notre site Internet, un troisième s'occupe du ministère de l'audiovisuel et un dernier veille aux soins à apporter aux membres. Au moment où j'écris ces lignes, nous avons quatorze personnes qui font office de diacres. Nous abolissons régulièrement des postes qui n'ont plus besoin d'être pris en charge et nous divisons en deux des œuvres florissantes ou même créons de nouvelles fonctions, selon les circonstances et les besoins que nous discernons dans l'Église.

Nous espérons que ces diacres seront des chefs de file dans l'utilisation des ressources humaines de l'assemblée; que dans leur dévouement, ils prieront pour nous, ils chercheront à connaître tout le Corps et qu'ils verront de quelle manière les services qu'ils coordonnent peuvent faire avancer le ministère de l'Église dans son ensemble. Nous reconnaissons que l'œuvre qu'ils accomplissent pour nous est exigeante. Ils doivent donc envisager leur fonction diaconale comme étant leur principal ministère, pendant tout le temps qu'ils l'exercent. Quelles bénédictions nous apportent ces serviteurs! Ils aident nos frères et sœurs à cultiver un cœur axé vers le service, tout en leur démontrant le rôle que joue tel ou tel ministère en vue de l'édification de l'Église. Grâce à leur activité et à leur créativité, nos diacres seront une bénédiction pour notre Église longtemps encore après avoir cessé de coordonner l'œuvre dont ils s'acquittent en ce moment.

IV. Les qualifications d'un diacre

Dans sa première lettre à Timothée, Paul explique à ce jeune pasteur de l'Église d'Éphèse ce qui devrait caractériser les diacres (3.8-13). En combinant les attributs qu'il donne dans ce passage avec les qualités de ceux qui ont été choisis dans Actes 6, nous pouvons dire sans nous tromper que les diacres doivent être des gens reconnus comme étant remplis du Saint-Esprit (car bien qu'ils s'occupent de besoins physiques, leur ministère est assurément spirituel). Ils doivent être remplis de sagesse et choisis par l'assemblée, avec la totale confiance de celle-ci. Ils doivent, avec zèle et de bon cœur, assumer la responsabilité des besoins particuliers du ministère où ils servent. Ils doivent être dignes de respect, sincères, ne pas abuser du vin ou rechercher des gains malhonnêtes, mais garder la vérité révélée de la foi avec une bonne conscience. Il faut qu'ils aient été mis à l'épreuve et trouvés sans reproche, qu'ils soient mariés à une seule femme et qu'ils dirigent bien leurs enfants et leurs propres maisons.

Si les diacres ont le devoir d'être le « mari d'une seule femme », cet état n'empêche pas les femmes d'exercer un ministère diaconal. L'exemple de Phœbe dans Romains 16.1, l'application de cette qualité ailleurs dans l'Écriture pour parler d'autres femmes et, jusqu'à un certain point, le vaste témoignage historique des diaconesses dans les Églises baptistes nous a conduits, à notre assemblée, à souscrire avec joie au ministère diaconal des femmes. Cependant, à la lecture de 1 Tm 2 et en raison de la vision biblique globale de l'autorité masculine, nous n'encourageons pas les Églises à nommer des diaconesses si cette fonction se confond avec celle des anciens (comme c'est souvent le cas dans nos églises modernes). Nous percevons clairement que les anciens ont un rôle distinct et qu'ils doivent être des hommes, c'est pourquoi nous pouvons encourager ouvertement nos sœurs à servir comme diaconesses reconnues par l'Église.

V. Résumé

En résumé, le Nouveau Testament semble relier les trois aspects du ministère diaconal que nous avons observés dans Actes 6 – *s'occuper des besoins physiques dans le but d'unir le Corps sous l'autorité des ministres de la Parole.* Les diacres ont pour tâche d'appuyer le ministère des anciens, d'unir le Corps et de prendre soin des nécessiteux. Ils encouragent, ils sont serviteurs et artisans de paix. Comme l'a dit Dietrich Bonhoeffer : « L'Église n'a nul besoin de personnalités brillantes, mais plutôt de fidèles serviteurs de Jésus et des frères. » (*Bonhoeffer, Life Together, p.109*)

LES ANCIENS

I. **Une pluralité d'anciens**

II. **Les qualifications des anciens**
   A. Les femmes ne peuvent occuper cette fonction
   B. 1 Timothée 3
   C. Le but du leadership dans l'Église
   D. Comment trouver des leaders pieux dans nos Églises

III. **Un survol historique**
   A. L'origine des mots désignant les anciens
   B. Les presbytériens et les anciens
   C. Les baptistes et les anciens

IV. **La relation entre les anciens et le personnel de l'Église**

V. **La relation entre les anciens et les diacres**
   A. Des qualifications similaires
   B. La base de la distinction – Actes 6
   C. L'enseignement et l'autorité

VI. **La relation entre les anciens et « le » pasteur**
   A Le « pasteur » dans le Nouveau Testament
   B. Un bref aperçu du rôle pastoral
      1. Certains étaient itinérants
      2. Certains recevaient un plein salaire de l'Église
      3. Paul a écrit spécialement à Timothée
      4. Jésus a écrit à « l'ange de l'Église »
   C. Le pasteur en tant qu'ancien

VII. **La relation entre les anciens et l'Église**
   A. Cinq caractéristiques de cette relation
      1. Une reconnaissance sans équivoque
      2. Une confiance qui vient du cœur
      3. Une piété évidente
      4. Une attention sincère
      5. Des résultats bénéfiques
   B. Du respect pour les pasteurs

VIII. **L'autorité : un don**

Chapitre II
LES ANCIENS

Il est évident que les diacres jouent un rôle très important, mais il existe un ministère encore plus fondamental pour nos vies chrétiennes et nous y consacrerons ce chapitre – les anciens.

I. Une pluralité d'anciens

Notre première observation concernant les anciens d'une Église locale est qu'ils sont *plusieurs*. Bien que le Nouveau Testament ne cite pas de nombre précis pour aucune assemblée, il en parle régulièrement au pluriel (*Ac 16.4; 20.17; 21.18; Tt 1.5; Jc 5.14*). Les anciens d'Israël dont il est fait mention dans les Évangiles et le livre des Actes sont nombreux, de même que ceux qui sont au ciel (*Ap 5.14; 11.16; 19.4*). Dans Actes 11.30, le mot est au pluriel, et plus loin nous lisons : « Après avoir évangélisé cette ville [Derbe] et fait un assez grand nombre de disciples, ils retournèrent à Lystre, à Iconium et à Antioche; ils affermissaient l'âme des disciples, les exhortaient à demeurer dans la foi… Ils [Paul et Barnabas] firent nommer pour eux des anciens dans chaque Église, et, après avoir prié et jeûné, ils les recommandèrent au Seigneur en qui ils avaient cru. » (*14.21-23*) Il est signalé qu'il y a plusieurs anciens dans Actes 15.2, 4, 6, 22 et 23 et 16.4. Dans Actes 20.17, Paul envoie chercher les anciens de l'Église d'Éphèse tandis qu'Actes 21.28, 1 Tm 4.14 et 5.17 font référence à une même pluralité. Paul s'adresse à Tite en ces termes : « Je t'ai laissé en Crète, afin que tu mettes en ordre ce qui reste à régler, et que, selon mes instructions, tu établisses des anciens dans chaque ville… » (1.5) Jacques, dans son épître, voit les anciens (pluriel) de l'Église locale (singulier) venir prier pour celui qui est malade (5.14). Quant à Pierre, il adresse son exhortation aux anciens qui œuvrent parmi les chrétiens (1 P 5.1). En fait, les seules exceptions apparaissent dans les deuxième et troisième épîtres de Jean où l'auteur se qualifie lui-même « d'ancien » et dans 1 Tm 5, où une question d'ordre légal est discutée, à savoir la procédure à entreprendre si des accusations sont portées contre un ancien. Néanmoins, à la base, le tableau que nous dépeint le Nouveau Testament est celui d'une Église locale qui comprend une pluralité d'anciens et non un seul.

II. Les qualifications des anciens

Les femmes ne peuvent occuper cette fonction

Qui devrait être ancien? Quelles devraient être leurs qualifications? Celles-ci sont clairement expliquées dans la Bible, dans 1 Timothée 3 et Tite 1.

Par contre, avant d'examiner ces chapitres, il nous faut mentionner un sujet important soulevé dans 1 Timothée 2 – à savoir que ce n'est pas la volonté de Dieu que les femmes occupent cette fonction. Une expression ambiguë de ce passage a provoqué bien des questions, mais il est toujours plus prudent de débuter par les portions des Écritures qui sont précises puis de prier que Dieu éclaire celles qui le sont moins, plutôt que de mettre en doute ce qui est clair à cause de la présence d'incertitude. Ce qui ressort clairement de 1 Tm 2, c'est que la femme ne doit pas enseigner ou prendre autorité sur l'homme. Quel que soit le genre précis d'autorité que Paul qualifie d'impropre, il fait sans l'ombre d'un doute référence à l'enseignement donné par une femme. La façon de faire de l'Église primitive se voulait un reflet de l'ordre dans la création, où le mari a autorité sur sa femme. Selon Galates 3.28, il est dit explicitement qu'en Christ il n'y a plus ni homme ni femme, mais ce verset n'a pas pour but d'éliminer toutes les différences entre les deux sexes. Il confirme simplement l'extraordinaire grâce de Dieu qui sauve sans parti pris.

1 Timothée 3

Cela étant dit, examinons l'énumération donnée en 1 Timothée 3. Prenez quelques minutes pour lire les versets 1 à 7. D. A. Carson, professeur du Nouveau Testament au Trinity Evangelical Divinity School, a déjà noté que ce qui est remarquable au sujet de cette série d'attributs, est qu'elle n'a rien de très remarquable. Il voulait dire, par ces propos, que la Bible prescrit à tous les chrétiens de développer ces qualités – toutes, bien sûr, sauf pour la capacité d'enseigner (1 Tm 3.2). Bien que les Écritures nous fassent connaître, dans ces chapitres, tout ce qu'il faut savoir sur le caractère d'un ancien, je ne crois pas que Paul dirait que cette liste est exhaustive. Son but était plutôt de présenter des caractéristiques qui seraient perçues comme étant vertueuses, et ce, même par la culture environnante de l'époque.

L'objectif poursuivi par le leadership dans l'Église est qu'en recommandant aux gens du dehors de suivre la vérité, Dieu reçoive toute la gloire. C'est pourquoi Paul était tellement en colère contre les Corinthiens parce qu'ils se traînaient en justice en plaidant l'un contre l'autre devant des incroyants et laissaient des individus ayant des vies manifestement déréglées s'associer à l'Église. Ces deux conditions minaient le témoignage de l'évangile. De ce fait, dans la première lettre de Paul à Timothée, il est *évident* que l'impiété répandue parmi certains faux enseignants de l'Église d'Éphèse mettait en péril la façon dont Dieu est glorifié par l'Église – la proclamation de la Bonne Nouvelle du pardon et de l'espérance et la conversion des pécheurs! La liste des vertus que Paul a donnée dans 1 Timothée 3 (et aussi dans Tite 1) ne contient pas toutes les qualités qu'un chrétien devrait démontrer. Elle sert plutôt à attester la valeur de l'évangile aux yeux de ceux qui regardent agir les leaders de l'Église. Il est bon de lire régulièrement la Bible et nécessaire de prier, pourtant Paul ne mentionne aucune de ces disciplines. Cependant, je veux que mes anciens les pratiquent toutes les deux! Je retrouve ailleurs dans la Bible que tout chrétien doit aussi les mettre en pratique. Je crois donc que Paul voulait mettre en évidence des choses comme payer les factures à temps, être joyeux, humble et aidant parce que la plupart des incroyants reconnaissent que ces choses sont bonnes.

Comment trouver des leaders pieux dans nos Églises

Comment trouverons-nous de pareils leaders dans nos assemblées? Nous prions pour que Dieu nous donne sa sagesse. Nous étudions sa Parole, surtout les passages de Tite et de 1 Timothée qui nous enseignent manifestement en quoi consistent les qualifications exigées pour une telle responsabilité. Nous ne devrions pas choisir nos leaders selon les critères du monde ou imiter les Églises qui cherchent parmi leurs membres les gens qui sont déjà des dirigeants naturels dans la communauté pour les mettre à la tête de leur congrégation. Dans son livre *Dining with the Devil*, Os Guiness rapporte le commentaire d'un homme d'affaires japonais à un visiteur australien : « Quand je rencontre un leader bouddhiste, j'ai devant moi un saint homme. Quand je rencontre un leader chrétien, je suis devant un dirigeant d'entreprise. » (*p.49*) Au lieu de cela, nous devons rechercher des hommes dont la personnalité, la réputation et la compétence les rendent aptes à manier la Parole tout en portant du fruit, ce qui est la marque d'un bon leader dans l'Église. Le caractère de ce dernier doit se former non en fonction de lui-même, mais des autres. Il n'est donc pas ami de l'argent, mais des étrangers – qui est la signification littérale du mot « hospitalier ». Les vrais leaders d'Église seront centrés sur les autres.

III. Un survol historique

L'origine des mots désignant les anciens

Toutes les Églises choisissent des individus qui remplissent la fonction d'ancien, même si l'appellation de cette tâche peut varier. Les deux noms utilisés le plus fréquemment dans le Nouveau Testament sont *episcopos* (évêque) et *presbuteros* (ancien).

Les presbytériens et les anciens

Lorsque les évangéliques d'aujourd'hui entendent le mot « ancien », plusieurs pensent tout de suite aux « presbytériens ». Pourtant, les premiers congrégationalistes du XVIe siècle ont enseigné que cette fonction était en vigueur dans l'Église à l'époque du Nouveau Testament. Historiquement, il est juste d'associer les anciens au presbytérianisme, mais ils ne devraient pas y être liés de manière *exclusive*, ou être complètement exclus du baptisme.

Tout au long du XVIIIe siècle et même jusqu'au XIXe, les Églises baptistes possédaient des anciens (*voir Robertson's Life of Broadus, p.34; O. L. Hailey, J. R. Graves, p. 40*). Le premier président de la Southern Baptist Convention, W. B. Johnson, a écrit un livre sur la vie de l'Église dans lequel il défend ardemment l'idée d'avoir une pluralité d'anciens dans chaque Église locale. Que ce soit à cause d'un manque d'attention en scrutant les Écritures, ou la pression de la vie aux limites des terres colonisées (où les églises poussaient comme des champignons!), l'habitude d'organiser le leadership de cette manière s'est perdue. Pourtant, les discussions ayant trait à la revitalisation de cette fonction biblique se sont poursuivies dans les journaux baptistes. Ces publications ont fait mention des leaders en les appelant « anciens » jusqu'au début du XXe siècle et bien que cette pratique y soit rare de nos jours, il y a une forte tendance à y revenir – et ce, pour une excellente raison. Les Églises du Nouveau Testament en avaient besoin, tout comme cela nous est nécessaire aujourd'hui.

J'aimerais vous aider à définir ce que nous entendons par « anciens » en les distinguant d'abord du personnel de l'Église, puis des diacres et enfin en précisant leur relation par rapport au pasteur.

IV. La relation entre les anciens et le personnel de l'Église

À notre époque, plusieurs Églises ont tendance à confondre les anciens et les membres de leur personnel. Celui-ci est constitué d'individus que l'Église a engagés à temps plein pour travailler à son service. Souvent, ces employés en connaissent très bien les affaires courantes et quotidiennes et ils ont reçu une formation au séminaire. Ils possèdent une certaine piété et maturité sinon, ils n'auraient jamais été embauchés. Il est évident que les anciens peuvent occuper ce poste. En fait, il est stipulé dans notre constitution que nous ne nommerons jamais quelqu'un comme pasteur si nous ne reconnaissons pas que cette personne puisse aussi occuper la fonction d'ancien. Il s'agit, je pense, d'une clause des plus sages. Toutefois, notre constitution précise également que la majorité de nos anciens ne sera *pas* rémunérée par l'Église. Par exemple, nos pasteurs adjoints (de jeunes hommes, utiles au ministère, qui partiront vraisemblablement pour le séminaire bientôt) ne sont pas reconnus de façon générale comme des anciens, même si le soutien qu'ils nous apportent est précieux, que ce soit par l'enseignement ou des visites. Nous avons inclus cette disposition dans notre constitution parce que nous désirons, en tant qu'assemblée, porter le poids de la responsabilité non seulement d'engager des anciens, mais aussi de nous efforcer d'être une Église qui porte du fruit en suscitant ce genre de ministère parmi nous. Dans notre Église, trois des cinq anciens actuellement reconnus ont un emploi séculier et les deux autres, soit l'administrateur et moi-même, comme pasteur, sommes rémunérés par l'assemblée.

V. La relation entre les anciens et les diacres

Nombre d'Églises ont confondu les rôles d'anciens et de diacres tels que décrits dans le Nouveau Testament, que ce soit en pratique ou par leur doctrine. Comme nous l'avons vu, les responsabilités du diacre ont trait aux détails matériels de la vie de l'Église : l'administration, l'entretien et le soin à apporter aux membres qui sont dans le besoin – tout ceci, dans le but de favoriser l'unité de l'Église et le ministère de la Parole.

Des qualifications similaires

En comparant la liste des qualifications données pour les anciens puis pour les diacres dans 1 Timothée 3, il est remarquable de constater non pas leurs différences, mais leurs similitudes. Ils doivent tous les deux être respectables, irréprochables, dignes de confiance, monogames, sobres, sensés et généreux. En fait, les traits de caractère sont tellement semblables qu'il est frappant que Paul et les premiers chrétiens aient reconnu si précisément *deux fonctions de leadership séparées*.

La base de la distinction – Actes 6

Dans ce chapitre, nous avons découvert quelques éléments à la source de la distinction entre les rôles et responsabilités des diacres et des anciens. Au verset 2, après que les premières plaintes se soient fait entendre dans l'Église de Jérusalem, nous lisons : « Les douze convoquèrent alors la multitude des disciples et dirent : Il ne convient pas que nous délaissions la parole de Dieu pour servir aux tables. » Nous pouvons conclure, d'après cette déclaration, que le ministère de la Parole de Dieu occupe la place centrale de la fonction d'anciens et qu'il est aussi absolument essentiel à l'Église. Lorsqu'il est de nouveau souligné au verset 4, les apôtres montrent leur détermination : « Pour nous, nous persévérerons dans la prière et dans le service de la parole. » Ils seront littéralement *serviteurs de la Parole*. Ces propos s'accordent bien avec ce que nous voyons plus tard dans Actes 15 et 20, puis confirment le fait que les anciens doivent être capables d'enseigner. Il semble que le rôle fondamental des anciens est de conduire le peuple de Dieu en enseignant la Parole de Dieu. Cet enseignement doit être adéquatement exposé en public, tout en étant visible par la vie exemplaire qu'ils mènent.

En conclusion, ajoutons que l'autorité de l'ancien est directement reliée à son ministère d'enseignement. Son travail est celui d'un pasteur berger. Nous qui sommes anciens servons de surveillants. Dans Actes 6, nous voyons que les anciens font une proposition à l'assemblée. Dans 1 Timothée 5, Paul en parle comme de ceux qui *président* et qui *prennent de la peine à la prédication et à l'enseignement*. Pourtant, il semble que le principal rôle de ces hommes soit de conduire avec patience et d'enseigner avec soin.

Il serait très avantageux pour plusieurs Églises de rétablir la distinction entre la charge d'ancien et celle de diacre.

VI. La relation entre les anciens et « le » pasteur

Si vous posez la question : La Bible rapporte-t-elle qu'il doit y avoir un pasteur principal à l'avant-plan, qui travaille à l'intérieur ou de concert avec le cercle des anciens? Je pense que la réponse est : Non, pas de façon directe. Cependant, je crois qu'il est **possible** d'identifier, parmi les anciens, le rôle particulier de celui qui est le premier enseignant officiel de l'Église.

Le mot « pasteur » n'apparaît qu'à un seul endroit dans le Nouveau Testament, soit Éphésiens 4.11, dans la liste des dons que Dieu a faits à son Église et il est jumelé aux docteurs – ou enseignants. Le mot français « pasteur » se disait *poimenas* en grec et désignait un berger. L'idée du berger est évoquée de temps à autre (*voir 1 P 5.2; Ac 20.28*), mais aucun de ces exemples ne semble indiquer qu'il s'agisse d'une fonction différente de celle de l'ancien. En fait, d'après Actes 20.17, 28, il est évident que les mots « ancien, évêque et berger » sont utilisés sans distinction pour désigner le même groupe d'individus.

Un bref aperçu du rôle pastoral

Cela étant dit, j'aimerais vous donner un bref aperçu du travail pastoral en quatre points, tel que nous le voyons selon moi dans le Nouveau Testament.

1. Même à cette époque, certains hommes qui occupaient la fonction d'ancien se déplaçaient d'un endroit à un autre (comme Timothée et Tite), tandis que d'autres restaient en place (probablement ceux que Tite avait nommés à cette tâche dans chaque ville – 1.5). Par conséquent, si Timothée venait de l'extérieur, plusieurs autres étaient issus de leur assemblée même.

2. Certains recevaient de l'Église le salaire d'un ouvrier à temps plein (*voir 1 Tm 5.17-18; Ph 4.15-18*) et d'autres occupaient en même temps un autre emploi (comme c'était souvent le cas de Paul quand il apportait l'évangile pour la première fois dans une région donnée). Il serait tout à fait logique de penser que parmi les anciens que Tite a établis en Crète, certains n'étaient pas rémunérés par l'Église.

3. Il est intéressant de noter que Paul a écrit ses instructions pour l'Église à Timothée en particulier, alors que le livre des Actes nous confirme qu'il y avait d'autres anciens à Éphèse. Il semblerait cependant que Timothée ait occupé, en quelque sorte, une fonction unique parmi eux.

4. Finalement, les lettres que Jésus a adressées aux sept Églises dans l'Apocalypse (chapitres 2 et 3) sont destinées à un messager ou ange (au singulier) dans chaque assemblée.

Il est bien entendu que ces remarques ne constituent pas des prescriptions fermées, mais plutôt des descriptions en accord avec nos pratiques actuelles. En effet, nous choisissons au moins un homme parmi nos anciens (parfois plus), qui n'est pas nécessairement issu de notre communauté; nous subvenons à ses besoins financiers et nous lui assignons l'enseignement comme tâche principale.

Il ne faut pas oublier, toutefois, que le prédicateur ou le pasteur fait aussi partie intégrante du groupe d'anciens. Je dirais que ce qui a probablement été le plus utile à mon ministère pastoral a été la reconnaissance des autres anciens. Leur service accompli conjointement avec le mien a apporté de grands bienfaits. Un grand nombre d'anciens est avantageux pour une Église parce qu'ensemble, ils complètent ce qui manque aux dons du pasteur. Ils suppléent à ses imperfections, ils l'aident à parfaire son jugement, créant ainsi une unité dans les décisions qui concernent l'assemblée et permettant aux leaders d'être moins exposés aux critiques injustes. Une telle pluralité donne également au leadership des racines plus profondes et favorise la permanence et la continuité. Elle encourage l'Église à assumer une plus grande responsabilité quant à la croissance spirituelle de ses membres, tout en la rendant moins dépendante de ses employés. Notre Église à Washington a pu profiter de tous ces avantages et de bien d'autres, grâce à ce don des anciens que Dieu nous a fait.

Le pasteur en tant qu'ancien

VII. La relation entre les anciens et l'Église

Nous traiterons plus en détail de cet aspect dans le chapitre sur le congrégationalisme, mais de façon générale, la relation entre les anciens et l'assemblée locale qu'ils servent devrait être marquée par plusieurs preuves évidentes de leur nature sainte et de leur mutuelle dépendance de Dieu. Je mentionnerai cinq caractéristiques de cette relation – la reconnaissance, la confiance, la piété, l'attention et les résultats.

Cinq caractéristiques de cette relation

1. **Une reconnaissance sans équivoque**. L'Église doit reconnaître

que les anciens constituent des dons de Dieu pour son bien. Elle doit, par conséquent, leur déléguer la responsabilité d'enseigner et de diriger l'Église. Ces tâches ne peuvent leur être retirées que s'il est clair que les anciens agissent de manière contraire aux Écritures. De leur côté, les anciens doivent reconnaître l'autorité que Dieu a donnée à l'assemblée (*voir : Mt 18; 1 Co 5; 2 Co 2*).

2. **Une confiance qui vient du cœur.** L'Église doit faire confiance, protéger, respecter et honorer ses anciens. C'est pourquoi Paul écrit dans 1 Tm 5.17 : « *Que les anciens qui président bien, soient jugés dignes d'un double honneur, surtout ceux qui prennent de la peine à la prédication et à l'enseignement.* » Les anciens dirigent les affaires de l'Église et celle-ci se soumet à leur direction, d'où l'exhortation de l'auteur de l'Épître aux Hébreux : « *Obéissez à vos conducteurs et soyez-leur soumis. Car ils veillent au bien de vos âmes, dont ils devront rendre compte. Faites en sorte qu'ils puissent le faire avec joie et non en gémissant, ce qui ne serait pas à votre avantage.* » (13.17)

3. **Une piété évidente**. Nous avons déjà observé que Paul insiste beaucoup dans ses lettres à Timothée et à Tite sur le fait que les anciens doivent être *irréprochables*. Il a écrit : « *... s'il s'y trouve quelque homme irréprochable, mari d'une seule femme, ayant des enfants fidèles, qui ne soient ni accusés de débauche ni indisciplinés.* » (Tt 1.6) Tout ancien doit être prêt à ce que différents aspects de sa vie puissent être scrutés. Il doit également ouvrir son foyer aux étrangers, offrant l'hospitalité et accueillant les autres à bras ouverts.

4. **Une attention sincère**. Il devrait être manifeste, par la façon dont les anciens exercent leur autorité envers l'Église, qu'ils comprennent qu'elle appartient à Christ et non à eux. Christ l'a rachetée par son sang et elle doit être chérie, traitée avec soin et douceur, conduite avec pureté et fidélité, pour son propre bien et pour la gloire de Dieu. Les anciens rendront des comptes à Christ pour leur intendance.

5. **Des résultats bénéfiques**. L'humble reconnaissance d'une autorité légitime apporte de grands bienfaits, autant dans notre foyer que dans notre relation avec Dieu. Lorsque l'autorité est exercée pour le bien de l'Église avec l'assentiment de celle-ci, chacun en tirera profit, puisque Dieu bâtit son Église par le biais des enseignants qu'il lui a donnés. Le mensonge que raconte Satan – à savoir qu'il ne faut jamais faire confiance à l'autorité, car elle est toujours tyrannique et oppressive – sera réduit à néant par la bienveillante soumission et la reconnaissance de l'autorité des anciens dans le contexte de l'assemblée.

Lorsque Edward Griffin (1770-1837) a quitté l'Église qu'il avait si bien servie pendant plusieurs années, il a livré à son auditoire une vibrante exhortation qui nous montre encore aujourd'hui la façon dont nous devons honorer non seulement le pasteur (c'était le but de Griffin à ce moment-là), mais tous ceux que Dieu nous donne et qui occupent une fonction d'ancien :

Du respect pour les pasteurs

> « Portez dans votre cœur et respectez celui que vous avez choisi comme pasteur, pour votre propre bien et celui de vos enfants. Il vous aime déjà et bientôt, il vous chérira comme étant 'os de ses os et chair de sa chair'. Il est de votre devoir et de votre intérêt de rendre son travail aussi agréable que possible. N'exigez pas trop de lui. Ne le contraignez pas à vous visiter *trop* souvent. S'il devait passer ainsi la moitié de son temps comme certains le demandent, il négligerait l'étude et se verrait bientôt submergé sous le fardeau. Ne lui rapportez pas tous les propos méchants qui peuvent être dits à son sujet. Ne faites pas non plus trop souvent *allusion* en sa présence à une certaine opposition qui pourrait se soulever contre lui. Car bien qu'il soit un ministre de Christ, prenez en compte qu'il a les sentiments d'un homme. » (*Edward Griffin, 'A Tearful Farewell from a Faithful Pastor ', 1809*)

---

[1] James Hay et Henry Belfrage, Memoir of the Rev. Alexander Waugh, Édimbourg, William Oliphant and Son, 1839, p. 64.65.

VIII. L'autorité : un don

J'espère que vous pouvez voir par ces observations que servir dans une position de leadership constitue un grand privilège que personne ne devrait laisser passer. Certains individus se considèrent peut-être trop occupés ou pensent qu'un tel travail n'en vaut pas la peine. Cette perspective me rappelle la déclaration de l'acteur Gary Cooper : « Je suis vraiment content que ce soit Clark Gable qui perdra la face dans cette affaire, et non pas Gary Cooper. » C'est ce que Cooper aurait dit en refusant de tenir le rôle principal d'*Autant en emporte le vent*. Pourtant, tout ce que nous avons partagé est tellement plus important que ce qui apporte la gloire ou la richesse du monde. Paul dit que celui qui aspire à une fonction de dirigeant désire une belle tâche et celui qui l'exerce s'acquiert un rang honorable!

J'ai connu l'un des moments les plus démoralisants de ma vie lors d'une conversation avec un professeur de l'université de Cambridge. Nous prenions un repas ensemble et il me faisait part de sa colère face à une récente décision du conseil municipal. Tout en l'écoutant en rajouter encore et encore, je me suis souvenu que mon ami avait l'habitude de toujours démontrer autant de mécontentement envers l'autorité. J'ai donc décidé de lui poser sans réserve une question simple et directe : Penses-tu que toute autorité soit mauvaise? En temps normal, une telle question suscite un regard perplexe, un reniflement condescendant devant une interrogation aussi naïve et une réponse incohérente et entravée d'une foule de restrictions. Cette fois, par contre, je suis resté sous le *choc* devant sa réponse simple, directe, sans nuance et sans réserve – « Oui ».

Il est sage et judicieux de se souvenir que l'autorité possède une nature déchue et qu'elle peut faire l'objet d'abus. Le pouvoir exercé en dehors de la volonté de Dieu est toujours démoniaque. En revanche, il est désastreux d'entretenir des soupçons ou une méfiance naturelle à l'égard de toute autorité. À vrai dire, cet état remet en cause la personne elle-même plutôt que la direction. En outre, il démontre notre incapacité, tel un cancer dégénératif, à agir comme des êtres créés à l'image de Dieu. Nous devons être capables de faire confiance à Dieu si nous voulons vivre selon son dessein et même, à un degré non négligeable, nous fier à ceux qui sont faits à son image. Tous dans la Bible, d'Adam et Ève jusqu'aux vils dirigeants du livre de l'Apocalypse, montrent leur méchanceté naturelle en rejetant l'autorité de Dieu afin de se l'approprier pour eux-mêmes.

Quel immense privilège que celui d'être *servis* par des leaders pieux! Un pouvoir centré sur Dieu, façonné et exercé pour notre bien, est un don précieux! Ceux qui rejettent toute autorité, et ils sont nombreux aujourd'hui, s'autodétruisent et manquent totalement de perspicacité. Un monde sans autorité serait semblable à des désirs sans frein, une voiture sans servodirection, une intersection sans feu de circulation, un jeu sans règle, un foyer sans parent, un monde sans Dieu. Il pourrait fonctionner pendant un certain temps, mais bientôt, il apparaîtrait vain puis cruel et en fin de compte, indiciblement tragique.

Nous avons tendance à négliger le fait que le leadership biblique et centré sur Dieu est essentiel pour bâtir une Église qui glorifie Dieu. L'exercice de l'autorité dans l'Église établit un lien avec la nature et le caractère de Dieu. Lorsque nous accomplissons correctement cette tâche en appliquant la loi à la maison, au travail, dans notre service envers les scouts, dans nos foyers et en particulier dans l'Église, nous aidons à manifester l'image de Dieu devant sa création. Il s'agit de notre appel et de notre privilège.

LE CONGRÉGATIONALISME

I.   **Comment définir le congrégationalisme?**
   A. Les conceptions erronées
   B. Les conceptions justes
   C. Quatre champs de compétence où l'assemblée a autorité dans le Nouveau Testament :
      1. Les questions de litige entre chrétiens
      2. Les questions de doctrine
      3. Les questions de discipline
      4. Les questions d'affiliation des membres

II.   **Qu'est-ce qui n'est pas inclus dans le congrégationalisme?**
   A. Des exemples d'Églises fautives dans la Bible
   B. Des exemples d'Églises fautives dans l'histoire
   C. Un portrait incomplet, mais clair

III.   **Pourquoi le congrégationalisme est-il important?**
   A. Pour demeurer fidèles à la doctrine
   B. Le témoignage historique

IV.   **Comment fonctionne le congrégationalisme?**
   A. Les leaders rendront des comptes
   B. Faire confiance à nos leaders

      1. Points clairs, mais non sérieux
      2. Points ni clairs ni sérieux
      3. Points aussi sérieux que clairs
      4. Points sérieux, mais nullement clairs

   C. Encouragez et faites confiance à vos leaders!

Chapitre III
LE CONGRÉGATIONALISME

Croyez-vous que l'Église existe uniquement pour votre propre croissance spirituelle? En vous réunissant le dimanche matin avec les autres membres de votre famille chrétienne, vous ne faites pas simplement votre culte personnel avec d'autres gens. Vous participez plutôt à la vie d'une Église particulière. De plus, quand des chrétiens s'assemblent en Église, ils ne forment pas un regroupement de consommateurs individuels qui se retrouvent dans un endroit donné parce qu'ils partagent momentanément les mêmes goûts et intérêts. Notre rassemblement est plutôt une institution vivante, un organisme viable, un corps. Je me demande pourquoi *VOUS* allez à l'église.

Laissez-moi vous poser une question qui vous aidera à entrer dans le vif du sujet : À quoi sert l'Église? Arrêtez-vous un instant et essayez de répondre. Quand vous comprenez mieux l'Église et son utilité, la vie chrétienne devient beaucoup plus qu'un effort moral continuel pour développer une liste de vertus individuelles et éviter une série de vices secrets. Vous commencez à prendre conscience que l'Église est la manifestation du Dieu vivant dans ce monde.

I. Comment définir le congrégationalisme?

Ce concept a très souvent été mal compris par certains. Ses détracteurs l'ont associé à une sorte d'autonomie solitaire. Il a même été qualifié de « séparatisme ». Un auteur en a donné la définition suivante : « La revendication, par des congrégations individuelles, d'agir comme si elles étaient seules au monde, indépendamment de tous les autres chrétiens. » (*Roland Allen, Missionary Methods, p. 85n1*) Par contre, plusieurs de ses partisans l'ont fait connaître comme étant une démocratie simple et honnête, faisant le lien avec les inaliénables droits de l'homme. Charles Finney en a parlé en ces termes :

> « L'épiscopat convient très bien à des gens qui vivent de manière générale dans l'ignorance. Le presbytérianisme ou le républicanisme ecclésiastique s'accorde mieux à un état d'intelligence plus développée, là où il y a prépondérance des principes chrétiens. Le congrégationalisme quant à lui, ou la démocratie spirituelle, est uniquement conçu pour une forme d'intelligence générale avec une prédominance des principes chrétiens. (*Charles Finney* dans ses *Lectures on Theology*)

Les conceptions justes

Aucune de ces notions ne nous donne le portrait exact de la vie de l'Église telle que décrite par le Nouveau Testament. Le congrégationalisme ne fait aucunement obstacle à une saine collaboration avec d'autres congrégations pour les missions, l'éducation, l'évangélisation, l'assistance en cas de désastre et plusieurs autres champs d'activité. Cependant, il est évident qu'aucune instance extérieure ne peut imposer quoi que ce soit à une assemblée désignée, en matière de discipline ou de doctrine. Nous, les congrégationalistes, en nous appuyant sur ce qui est explicite dans les Écritures, possiblement plus que toute autre politique ecclésiastique, croyons que Dieu conduira son peuple dans son ensemble à comprendre qui devrait être nommé leaders et membres, ce qui doit être cru et ce que nous devons faire.

Certains peuvent reléguer le congrégationalisme au niveau d'une simple réflexion qui éclaire une théorie politique. Ce n'est tout simplement pas la réalité. Dans la première lettre que Clément de Rome a écrite à l'Église de Corinthe vers 96 apr. J.-C., nous lisons que des anciens ont été envoyés en service « avec l'appui inconditionnel de l'Église » (trad. *Staniforth, p. 46*). Nous trouvons de nombreux autres exemples de ce genre. Les chrétiens d'autrefois avaient certainement compris ce concept comme étant enseigné par les Écritures.

En fin de compte, le congrégationalisme estime que la Cour suprême qui décide des affaires d'une Église locale n'est pas l'évêque de Rome ou de Constantinople, ou bien Washington. Ce n'est pas une agence internationale, une assemblée, une association ou un congrès national. Ce n'est *pas* la tête dirigeante d'une dénomination ou le président d'un conseil d'administration.

Ce n'est pas un synode régional, un regroupement de ministres, un groupe d'anciens dans l'Église locale ou le pasteur. La Cour suprême, définitive et finale, qui s'occupe de la vie de l'Église locale est, et devrait être, la congrégation elle-même. Le Nouveau Testament en témoigne, en ce qui concerne des questions de doctrine, de discipline, d'admission de membres et de résolution de conflits entre eux.

Examinons ces quatre points à la lumière du Nouveau Testament :

1. Les questions de litige entre chrétiens. Dans Matthieu 18.15-17, Jésus rapporte un démêlé entre des frères :

« Si ton frère a péché, va et reprends-le seul à seul. S'il t'écoute, tu as gagné ton frère. Mais, s'il ne t'écoute pas, prends avec toi une ou deux personnes, afin que toute l'affaire se règle sur la parole de deux ou trois témoins. S'il refuse de les écouter, dis-le à l'Église, qu'il soit pour toi comme un païen et un péager. »

Remarquez à qui il est interjeté appel en dernier lieu et quelle cour prononce le jugement final. Ce n'est pas un évêque ou un ministre; ce n'est pas une assemblée, un synode, un congrès ou une association. Ce n'est pas un pasteur, un conseil d'anciens ou un comité. Nous lisons plutôt *l'Église*, ce qui veut dire toute la congrégation locale dont l'action doit servir de Cour d'appel.

Si vous regardez de nouveau le passage que nous avons examiné précédemment – Actes 6.1-5 – vous verrez qu'il s'est passé un événement important dans la vie de l'Église primitive ce jour-là.

Un problème de distribution des ressources a fait surface, ce qui a de toute évidence demandé beaucoup d'attention de la part des apôtres. Nous lisons aux versets 2 à 4 :

« Les douze convoquèrent alors la multitude des disciples et dirent : Il ne convient pas que nous délaissions la parole de Dieu pour servir aux tables. C'est pourquoi, frères, choisissez parmi vous sept hommes, de qui l'on rende un bon témoignage, remplis de l'Esprit et de sagesse, et nous les chargerons de cet emploi. Pour nous, nous persévérerons dans la prière et dans le service de la parole. »

Luc poursuit ensuite en citant le nom de ceux que *l'Église* a choisis.

Il est parfois difficile d'utiliser le Nouveau Testament pour diriger notre vie d'Église à cause de la présence des apôtres dans ces assemblées. Vous comprenez, bien sûr, la nature du problème. Jusqu'à quel point nous, anciens, pasteurs et évêques d'aujourd'hui, pouvons-nous recourir à leurs pratiques pour nous guider? Pouvons-*nous* formuler nos doctrines, décrire les erreurs ou nous rappeler des paroles de Christ comme ces hommes qui ont accompagné Jésus tout au long de son ministère terrestre, à qui il a enseigné et qui ont été spécialement envoyés par lui pour établir le fondement de son Église? Les noms de ceux qui, parmi nous, sont actuellement anciens seront-ils inscrits sur les fondations de la Nouvelle Jérusalem, comme le seront ceux des apôtres? De toute évidence, la réponse à ces questions est négative.

Le problème soulevé par le modèle apostolique est que, s'il est suivi, les leaders des Églises modernes pourraient s'attribuer trop de pouvoir, sans posséder la compétence nécessaire qui les rende dignes de l'exercer. Cependant, Actes 6 nous montre ces mêmes apôtres conférer certaines responsabilités à la congrégation. Ils reconnaissaient, à l'égard de l'assemblée, le même type d'autorité soumise à Dieu dont Jésus a parlé dans Matthieu 18.

Pour faire suite à ces exemples, nous voyons que Paul a

aussi enseigné que la congrégation, sous l'autorité divine, gère l'administration de la discipline et de la doctrine d'une Église locale. Quand il écrit aux Corinthiens, Paul leur mentionne qu'ils sont juges de ceux qui sont à l'intérieur de leur assemblée. (*1 Co 5.12*) Il ajoute : « ... ce sont des gens dont l'Église ne fait aucun cas que vous établissez comme juges! » (*1 Co 6.4*) En matière de dispute entre chrétiens, l'Église dans son ensemble constitue la Cour suprême, telle que présentée dans les Écritures.

2. Les questions de doctrine. Toutes les lettres du Nouveau Testament (sauf les pastorales et celle à Philémon) s'adressaient aux Églises dans leur ensemble, les informant collectivement de leurs responsabilités. La congrégation semblait même avoir le dernier mot (sur terre) concernant la définition fondamentale de l'évangile. C'est ainsi que dans Galates 1.8, Paul appelle une assemblée de croyants pourtant assez jeune à siéger en juge des prédicateurs angéliques et apostoliques (il s'inclut même dans ce jugement!), s'ils devaient prêcher un évangile autre que celui que les Galates avaient reçu. Il n'écrit pas seulement aux pasteurs, aux prêtres, aux évêques ou à une association, un congrès ou un séminaire. Il écrit aux chrétiens qui forment l'Église et il affirme clairement que non seulement ils ont la compétence pour statuer, mais qu'ils en ont le *devoir*! Ils ont l'incontournable obligation de juger ceux qui se proclament messagers de la Bonne Nouvelle de Jésus-Christ, en évaluant si ce nouveau discours est conforme à ce que ces chrétiens de la Galatie connaissent déjà de l'évangile.

Paul confirme encore cette idée lorsqu'il donne à Timothée et à l'Église d'Éphèse des conseils sur la meilleure façon d'agir à l'égard des faux enseignants. En décrivant cette vague de charlatanisme, il blâme particulièrement ceux qui « au gré de leurs propres désirs, avec la démangeaison d'écouter, se donneront maîtres sur maîtres ». (*2 Tm 4.3*) Les membres de l'assemblée sont coupables, dans ce cas, que ce soit parce qu'ils préfèrent, payent, approuvent l'enseignement ou décident de continuer à écouter les faux docteurs. Si ces derniers sont condamnables, la congrégation ne l'est pas moins, puisqu'elle les tolère. En matière de définition des doctrines de base, l'Église dans son ensemble constitue la Cour suprême, telle que présentée dans les Écritures.

3. Les questions de discipline. Dans sa première lettre aux Corinthiens, Paul exhorte toute la congrégation à agir – non pas uniquement les anciens (*1 Co 5.5, 7, 11 et 13*). En dernière analyse, cette affaire ne concernait pas seulement Paul ou les anciens qui œuvraient au sein de cette Église locale. Elle touchait l'assemblée en entier. Tous les membres avaient accepté cet individu au milieu d'eux et en tolérant sa présence, ils devenaient complices de son péché. Deux choix s'offraient donc à eux : se départir de cet homme ou de *leur* titre de disciples de Christ. En matière de discipline, l'Église dans son ensemble constitue la Cour suprême, telle que présentée dans les Écritures.

4. Les questions d'affiliation des membres. Dans sa deuxième lettre aux Corinthiens, Paul écrit : « Il suffit pour cet homme du blâme qui lui a été infligé **par le plus grand nombre**, en sorte que vous devez bien plutôt lui pardonner et le consoler, de peur qu'il ne soit accablé par une tristesse excessive. Je vous exhorte donc à faire prévaloir l'amour envers lui. » (*2 Co 2.6-8*) Ils avaient agi en punissant cet homme, *par le plus grand nombre*. Une majorité des membres avait voté pour exclure cet individu de leur communauté. La punition semblait avoir eu l'effet escompté et Paul ajoute qu'elle est suffisante pour lui. Il écrit donc à la congrégation en entier, leur conseillant vivement d'accueillir à nouveau parmi eux l'homme repentant. Toutefois, Paul ne peut que les exhorter parce qu'en matière d'affiliation des membres, l'Église dans son ensemble constitue la Cour suprême. Il en est ainsi dans les Écritures.

II. Qu'est-ce qui n'est pas inclus dans le congrégationalisme?

En déclarant que l'Écriture présente la congrégation comme la Cour suprême, l'autorité finale sur terre en matière de compréhension et d'application de la Parole de Dieu dans nos vies, nous ne suggérons

Des exemples d'Églises fautives dans la Bible

pas qu'elle ait toujours raison. Quand Paul a écrit à Timothée, son disciple et le pasteur de l'Église d'Éphèse, il a évoqué les jours mauvais qui approchaient comme un « … temps où les hommes ne supporteront plus la saine doctrine; mais au gré de leurs propres désirs, avec la démangeaison d'écouter, ils se donneront maîtres sur maîtres ». (*2 Tm 4.3*) Il est intéressant de constater que même si Paul présente l'Église comme étant responsable de veiller à la doctrine divine de concert avec les anciens (ainsi que le démontre sa lettre aux Galates), il affirme clairement dans ce passage qu'elle ne s'acquittera pas convenablement de cette responsabilité. Le congrégationalisme est biblique, mais les congrégations ne sont pas infaillibles.

Cette affirmation se vérifie clairement par l'exemple de 2 Timothée 4, mais aussi malheureusement par l'histoire de l'Église. Au cours de tous ces siècles vécus en grande partie dans les ténèbres, les erreurs se sont répétées dans des congrégations où se manifestait pourtant une mesure appréciable de sagesse biblique parmi les frères et les sœurs. Les exemples d'erreurs de jugement commises par des assemblées individuelles foisonnent! Retournons dans le temps et pensons à la congrégation qui a congédié Jonathan Edwards. La Bible leur donnait tous les droits d'exercer ce genre d'autorité, mais je crois, vous en conviendrez aussi, qu'ils en ont fait un très mauvais usage. Réfléchissons également à nos propres Églises. Nous n'apportons pas d'évidences plus grandes de la souveraineté de Dieu en rapportant les fautes de son Église qu'en confessant nos propres péchés. Même une autorité légitime établie par Dieu est condamnée à se tromper dans ce monde déchu.

Des exemples d'Églises fautives dans l'histoire

Le Nouveau Testament nous offre une image passablement incomplète du congrégationalisme. Le portrait global est constitué de clichés pris sur le vif, d'apartés et de suppositions. Cependant, il est clairement présent et plus nous y réfléchissons, plus il ressort de façon évidente de la première à la dernière page. De ce fait, malgré sa nature sous-entendue et non dominante, il semble que nous jouissions d'une assez grande liberté pour exercer à son égard

Un portrait incomplet, mais clair

une « prudence chrétienne, en accord avec les règles générales de la Parole », selon ce que les théologiens de Westminster ont déclaré. (Chapitre un)

Dans une certaine mesure, tous les rassemblements de croyants sont congrégationalistes quelle que soit leur structure gouvernementale formelle. Même si l'assemblée ne détient que les titres de propriété, elle est en quelque sorte soumise à une politique congrégationaliste, car elle pourrait décider de couper court à toute l'affaire si elle n'était pas d'accord avec les décisions des leaders. Cette désignation est encore plus évidente si l'assemblée a le dernier mot sur les questions financières ou sur l'embauche d'un pasteur, sans parler si elle fait office de Cour d'appel en matière de doctrine, de discipline, de litiges et d'affiliation des membres. Vous commencez alors à retrouver un modèle semblable à celui qui nous est présenté dans le Nouveau Testament. Il revient à chaque congrégation d'agir avec prudence et discrétion concernant leur choix de s'impliquer plus ou moins, en tant que communauté, dans les décisions touchant le leadership, le personnel et le budget. Nous ne trouvons nulle part dans le Nouveau Testament la désignation de comités ou de conseils d'administration. Vous chercherez en vain le comité des finances ou les petits groupes de leaders. Il est entendu que notre croyance en la toute-suffisance des Écritures n'interdit pas ce type de structure, mais elle tempère son autorité. Elle démontre clairement que ces structures ne constituent pas l'essence même de l'Église et qu'elles doivent plutôt se soumettre à la sagesse de toute l'assemblée.

III. Pourquoi le congrégationalisme est-il important?

Pourquoi cette question a-t-elle de l'importance? Si le congrégationalisme reflète simplement la réalité de notre vie chrétienne communautaire, le défi devant nous ne consiste pas à le mettre en place, mais à le reconnaître et à en reproduire le modèle dans notre vie d'Église. Nous devons respecter les structures que Dieu a établies et croire qu'il l'a fait avec sagesse.

Je sais que certains réformistes ont tendance à opter pour une administration dite presbytérienne. Dans certains cas, cette disposition s'installe de manière subtile, mais seulement partielle. Par exemple, je sais que plusieurs Églises baptistes, congrégationalistes et pieuses choisissent de nommer des anciens, mais décident d'avoir des normes d'adhésion *différentes*, plus rigoureuses pour ces derniers que pour les autres membres de l'Église. Elles demandent ainsi à tous les membres d'approuver la confession de foi du New Hampshire, tandis que les anciens doivent en plus adhérer à celle de Philadelphie (ou *Second London*). Il est évident que notre propension à rechercher chez nos anciens une maturité exemplaire est tout à fait saine et même biblique. Cependant, le moyen utilisé pour y parvenir pourrait laisser à désirer. Discernons-nous explicitement cette façon de procéder dans les Écritures? Il n'en est rien. Cette pratique ne donnerait-elle pas plutôt l'impression à l'assemblée qu'elle n'est pas prête à exercer son rôle de Cour suprême en matière de doctrine, comme Paul le leur recommande dans l'Épître aux Galates? Je vous laisse le soin d'en juger. Il est certain que je souhaite et même m'attends à ce que ceux qui exercent le ministère d'ancien comprennent la doctrine avec plus de profondeur. Toutefois, je ne voudrais pas que l'Église se retrouve dans une position de dépendance plus grande relativement au clergé, que ce qui apparaît dans le Nouveau Testament. Je crains que de telles exigences formelles n'y conduisent.

Mes amis, le verdict de l'histoire parle de lui-même. Il est clair qu'aucune politique en particulier n'empêche les Églises de tomber dans l'erreur, de décliner ou de devenir stériles. Cependant, comparées aux politiques congrégationalistes, celles qui sont centralisatrices semblent afficher les pires résultats en matière de témoignage évangélique fidèle et vital. (Les résultats du premier sont particulièrement probants dans le cas où la pureté et la visibilité de l'Église sont maintenues par la pratique biblique du baptême des croyants et le rejet de celui des enfants.) La papauté a causé des ravages parmi ceux qui professent être chrétiens. Les évêques n'ont guère fait mieux. En outre, les assemblées, les associations, les comités presbytéraux, les réunions et les synodes, *qui sont passés de conseillers à dirigeants*, ont généralement outrepassé l'autorité que leur confère l'Écriture en apportant plus de difficultés que d'aide.

Est-il possible que l'évangile lui-même soit si simple et si clair, que la relation que nous avons avec Dieu par l'action du Saint-Esprit qui nous fait naître de nouveau soit si réelle, que la communauté de ceux qui croient en cette Bonne Nouvelle et connaissent Dieu soit la meilleure gardienne de cet évangile? N'est-ce pas ce que nous semblons voir dans les Écritures?

IV. Comment fonctionne le congrégationalisme?

Les leaders rendront des comptes

En tant que congrégationalistes, comment devrions-nous répondre au verset d'Hébreux 13.17? « Obéissez à vos conducteurs et soyez-leur soumis. Car ils veillent au bien de vos âmes, dont ils devront rendre compte. Faites en sorte qu'ils puissent le faire avec joie et non en gémissant, ce qui ne serait pas à votre avantage. » L'auteur du passage n'encourageait certainement pas ses lecteurs à se mettre au service de leurs leaders comme le feraient de simples domestiques, car le sujet traité est beaucoup trop sérieux. Ces leaders auront des comptes à rendre pour *leur travail,* et ce, devant Dieu!

Ces propos auraient-ils une portée encore plus large? Je pense que oui, dans la mesure où il est bénéfique que les chrétiens se rappellent sans cesse que la position qu'occupe l'autorité dans l'Église est un sujet très sérieux, surtout en ce qui concerne l'enseignement. Jacques a déclaré que les docteurs subiront un jugement plus sévère (3.1). En définitive, les comptes que nous, anciens, devrons rendre ne sont pas à notre Église, mais à Dieu.

Faire confiance à nos leaders

Mesurez-vous l'importance de ces paroles? Malgré toute la responsabilité morale qui nous incombe en tant qu'assemblée, je ne veux pas insinuer que Dieu nous demande d'agir uniquement et continuellement comme un comité, au nom de tous. Il est bon de remercier Dieu pour les leaders qu'il a placés parmi nous, de les reconnaître et de leur faire confiance. Les termes mentionnés auparavant, soit *obéissez* et *soyez soumis* ne sont pas souvent prononcés dans nos milieux, mais pourtant, le Nouveau Testament les emploie pour parler aux gens dans la société, au travail, à la maison, à l'Église, dans leur relation matrimoniale et avec Dieu. Et ces mots exigent de notre part une certaine dose de *confiance*.

Il est généralement admis que la confiance doit se gagner. Je crois comprendre la signification de cette affirmation. Quand une nouvelle administration est mise en place, qu'un nouveau patron entre en fonction au travail ou même qu'une amitié se forme, nous voulons voir de nos propres yeux dans quelle mesure ces gens surmonteront les difficultés, s'ils persévéreront, s'ils réussiront à faire profiter les autres autant qu'eux-mêmes de leur succès. C'est dans ce sens que nous disons que la confiance se gagne.

Cette attitude, cependant, constitue au mieux une demi-vérité. En effet, le genre de confiance que nous sommes appelés à donner dans ce monde à nos semblables, êtres humains imparfaits, qu'ils soient membres de notre famille, amis, patrons, employés du gouvernement ou même leaders dans l'Église ne peut jamais, en fin de compte, être gagnée. Elle doit être donnée comme un cadeau – un don par la foi qui nous fait compter plus fermement sur le Dieu qui donne que sur ceux que nous considérons comme des dons que Dieu nous fait. Une Église souffre d'une cruelle déficience spirituelle si ses leaders ne sont pas dignes de confiance ou si ses membres sont incapables de se fier à eux.

Quelle est donc la bonne façon de faire confiance? Imaginons un graphique simple,

	De plus en plus clair ↑	
Clair mais non sérieux		Clair et sérieux
Ni clair, ni sérieux		Sérieux mais non clair

De plus en plus sérieux ⇨

dont une des lignes mesure la progression de la clarté des idées et l'autre, leur sérieux. Les quadrants se divisent ainsi : 1) les points qui sont clairs, mais nullement sérieux, 2) les points qui ne sont ni clairs ni sérieux, 3) les points qui sont à la fois clairs et sérieux, 4) les points qui sont très sérieux, mais nullement clairs.

1. Points clairs, mais non sérieux. (P. ex. : Devrions-nous peindre l'extérieur du bâtiment en violet?) Généralement, il n'y a aucune discussion concernant les sujets classés dans cette catégorie, bien que je ne sois jamais certain de ce qui peut être demandé sous la rubrique *Divers*!

2. Points ni clairs ni sérieux. (P. ex. : Devrions-nous terminer nos cultes par la prière ou un moment de silence?) Il est tout à fait acceptable d'avoir de bonnes discussions animées en Église concernant ces questions. Elles ne sont pas totalement dénuées d'importance, mais ne représentent pas des sujets vitaux. Cette catégorie regroupe des éléments aussi vastes que les contrats de nettoyage ou les problèmes de stationnement.

3. Points aussi sérieux que clairs. (P. ex. : Devrions-nous continuer à exiger de quelqu'un qui veut devenir membre de notre Église qu'il croit que Jésus est pleinement Dieu et pleinement homme?) Il y aura presque toujours consensus autour de ces questions. Cependant, dans le Nouveau Testament, les apôtres auraient *toujours* fait appel à la congrégation si les anciens avaient commis une grave erreur de doctrine ou de discipline. L'Église de Jérusalem allait-elle se diviser? L'Église de Corinthe allait-elle mettre en péril son témoignage de la sainteté de Dieu et tromperait-elle les gens sur ce que signifie vraiment être chrétien? Cette même assemblée refuserait-elle de reconnaître une véritable repentance? Les Églises de Galatie abandonneraient-elles l'évangile? L'Église d'Éphèse accepterait-elle de faux enseignements? Ces congrégations du Nouveau Testament sont entrées en action parce qu'il s'agissait de questions sans équivoque et de la plus haute importance.

4. Points sérieux, mais nullement clairs. (P. ex. : Devrions-nous nommer cette personne à un poste d'ancien? Appuyer l'initiative de ce membre? Approuver cette dépense plutôt élevée? Décider, en tant qu'assemblée, de nous orienter dans cette direction?) Il est très important que l'Église écoute avec soin les anciens lorsque ce type de questions est soulevé. Ils exercent de manière spéciale leur ministère envers l'Église dans de telles situations – ou dans ce quadrant du graphique – ce qui vaut mieux que de voir l'assemblée essayer d'agir comme un comité, au nom de tous, ou encore voir le pasteur ou un président de conseil prendre les décisions tout seul. L'Église pourra, à la faveur de ces discussions cruciales dans sa vie, profiter du leadership que Dieu lui donne et grandir grâce à lui, ou le rejeter et en payer le prix.

L'attitude fondamentale qui anime chaque membre concernant ses leaders doit être soit de se fier à eux ou de les remplacer. Par contre, ne dites pas que vous reconnaissez leur autorité sans les soutenir par la suite. Si vous n'êtes pas d'accord avec l'une de leurs recommandations, identifiez-en clairement les raisons et allez en discuter avec eux. Hormis la Bible, vous êtes leur principale source d'informations sur VOUS! Je vous exhorte à parler derrière leur dos, à vous rencontrer en secret et à *conspirer* ensemble pour encourager vos leaders. Élaborez des plans pour que leur travail ne soit pas un fardeau, mais une joie. Vos leaders seront alors une bénédiction pour vous, comme l'atteste l'auteur de l'Épître aux Hébreux.

Il y a deux cents ans John Brown, un professeur enseignant à des futurs ouvriers en Écosse, a écrit cette lettre remplie de conseils paternels à l'un de ses élèves qui venait d'être appelé à œuvrer au sein d'une petite congrégation. Il lui dit ceci :

> « Je connais la vanité de ton cœur et je sais que tu te sentiras humilié parce que ton assemblée est terriblement petite comparée à celles de tes frères autour de toi. Cependant, écoute et reçois la parole d'un vieil homme. Lorsque tu devras rendre des comptes au Seigneur Jésus pour eux devant le trône du jugement, tu comprendras que tout compte fait, tu en avais bien assez. »

Combien d'Églises aujourd'hui déclinent à cause d'une désastreuse combinaison de leaders égoïstes et de membres entêtés? La plupart du temps, ces assemblées décroissent et finissent par s'éteindre. Certaines congrégations sont vraiment exemplaires, mais elles n'ont pas choisi les bons individus pour les servir comme pasteurs ou anciens. Ces derniers sont au mieux stupides et négligents, et au pire d'ignobles charlatans. Nous sommes trop nombreux à avoir fréquenté de telles assemblées. En revanche, certaines Églises ont d'excellents leaders pieux, mais leurs membres sont suffisants et centrés sur eux-mêmes. Si le pasteur a la possibilité de demeurer en poste et de dispenser patiemment son enseignement, la congrégation pourrait se réveiller. Sinon, je pense qu'une telle assemblée portera une lourde peine au jour du jugement dernier pour avoir malmené l'un des sous-bergers du troupeau de Jésus-Christ. Toutefois, une Église en bonne santé, bien que composée de membres et de leaders imparfaits, est caractérisée par des actions et un service pieux, une obéissance et un enseignement saints, des membres et un leadership consacrés.

Cette notion si vaste qui consiste à être membre d'une Église sera traitée dans le chapitre qui suit.

L'ADHÉSION À UNE ÉGLISE

I.   L'adhésion et la phobie de l'engagement

II.   Qu'est-ce qu'une Église exactement?
   A. L'Église n'est pas un bâtiment
   B. L'Église est une communauté clairement définie
      1. Dans le Nouveau Testament
      2. Dans l'Ancien Testament
      3. Historiquement, les Baptistes ont une compréhension unique de ce concept
      4. Une note pour les historiens

III.   Pourquoi se joindre à une Église?
   A. Le sujet est important
   B. Cinq raisons de se joindre à une Église

      1. Une assurance personnelle
      2. L'évangélisation du monde
      3. Démasquer les faux évangiles
      4. L'édification de l'Église
      5. La gloire de Dieu

IV.   Les critères d'adhésion

   A. Le baptême
      1. Thèses invalidant le baptême des nouveau-nés
      2. Thèses bibliques confirmant le baptême des croyants
   B. Le repas du Seigneur
   C. Notre présence
   D. La discipline
   E. L'amour

Chapitre IV
L'ADHÉSION À UNE ÉGLISE

Regardons tout d'abord les choses en face : de nos jours, l'idée de devenir membre d'une Église semble, aux yeux de plusieurs, parfaitement inutile. Ne faisons-nous pas preuve d'antipathie ou même d'élitisme en disant que certains font partie du groupe, tandis que d'autres en sont exclus? Pourrait-on aller jusqu'à dire que cette attitude n'est pas biblique ou chrétienne? Le deuxième chapitre du livre des Actes se termine simplement par ces mots : « Et le Seigneur ajoutait chaque jour à l'Église ceux qui étaient sauvés. » N'est-ce pas suffisant? Ailleurs, dans Actes 8, il est dit qu'un fonctionnaire du gouvernement éthiopien était venu en Palestine pour adorer et, retournant chez lui assis sur son char, il lisait le prophète Ésaïe. Poussé par le Saint-Esprit, Philippe arrête le char pour parler à l'homme qui met sa foi en Jésus-Christ et est baptisé. Dans ces conditions, l'Éthiopien est-il automatiquement devenu membre de l'Église?

I. L'adhésion et la phobie de l'engagement

Ce thème revêt une très grande importance, malgré ce qu'en pensent bon nombre d'individus aujourd'hui. En fait, je suis convaincu que si nous remettons ces choses en place, nous faisons un grand pas vers la revitalisation de nos Églises, l'évangélisation de notre nation, l'avancement de la cause de Christ dans le monde afin que Dieu reçoive toute la gloire!

Les chrétiens évangéliques en Amérique ont désespérément besoin de repenser et de reconsidérer cette question, notamment dans notre association d'Églises, la Southern Baptist Convention. D'après une étude menée par cette dernière il y a quelques années, une Église type de notre regroupement compte 233 membres dont 70 sont présents au culte du dimanche matin. Je ne peux donc que m'interroger : Où sont les 163 membres manquants? Sont-ils tous malades à la maison, dans un foyer pour personnes âgées, au collège, en vacances ou en service dans l'armée? Certains sont peut-être retenus par ces circonstances atténuantes mais, est-ce le cas des 163? Qu'est-ce que ce type de comportement communique au monde extérieur concernant le christianisme? Devant ces faits, saisissons-*nous* l'importance du christianisme dans nos vies? Quelle est la condition spirituelle des gens qui ne sont pas venus à l'église depuis des mois ou même plus longtemps? Cette dernière situation nous concerne-t-elle? Dans le but de bien comprendre ce sujet, il faut tout d'abord se poser une question fondamentale : Qu'est-ce qu'une Église exactement?

II. Qu'est-ce qu'une Église exactement?

L'Église n'est pas un bâtiment

Le mot « Église » ne fait pas référence à la division administrative d'une religion, à un temple bouddhiste ou à une synagogue juive. Nous n'utilisons pas ce terme pour désigner avant tout un bâtiment, ce dernier sens étant plutôt secondaire. L'édifice fait simplement référence à l'endroit où se réunit l'Église, d'où l'appellation « maison de rencontre » utilisée par les Puritains de la Nouvelle-Angleterre pour lever l'ambiguïté. Les vieilles églises de cet endroit ressemblaient d'ailleurs, de l'extérieur, à de grandes maisons où l'assemblée se retrouvait.

L'Église est une communauté clairement définie

Selon le Nouveau Testament, l'Église est essentiellement composée du rassemblement assidu des gens qui professent avoir été sauvés uniquement par la grâce de Dieu, par le seul moyen de la foi en Christ, pour la gloire de Dieu seulement et dont les œuvres en manifestent l'évidence. Ce n'est pas un édifice. Du reste, les premiers chrétiens n'en possédaient pas et il a fallu attendre près de trois cents ans avant que l'Église n'en érige.

Par contre, dès le tout début, les Églises locales chrétiennes étaient formellement constituées d'individus précis. Il était clairement reconnu que certains en faisaient partie, tandis que d'autres n'y prenaient point part. C'est ainsi que les blâmes mentionnés par Jésus dans Matthieu 18 et par Paul dans 1 Corinthiens 5 font état d'une personne qui a été exclue non pas d'un rassemblement politique, mais d'une assemblée sociale distincte. Nous n'avons aucune preuve évidente que les premières Églises gardaient un registre écrit de leurs membres, mais elles auraient pu le faire. Cette idée ne leur était pas étrangère. Nous savons que l'Église primitive avait une liste des veuves et Dieu lui-même est présenté comme possédant la liste de ceux qui appartiennent à l'Église universelle dans le Livre de Vie. De même, nous savons que Paul et les Corinthiens pouvaient sans hésiter identifier ceux qui constituaient le plus grand nombre parmi un certain groupe donné. Celui-ci était formé des membres de l'Église qui avaient le droit de vote. (*2 Co 2*)

Dans le Nouveau Testament

L'idée d'une communauté d'individus définie avec précision est essentielle à l'œuvre de Dieu, autant dans l'Ancien que dans le Nouveau Testament. Comme en témoigne sa façon d'agir avec Noé et sa famille, Abraham et sa descendance, la nation d'Israël ou l'Église, Dieu a choisi de préserver un peuple distinct et séparé dans le but de manifester qui Il est. Il a toujours voulu qu'une ligne précise et franche sépare ceux qui mettent en lui leur confiance et ceux qui ne croient pas.

Dans l'Ancien Testament

L'idée de l'Église en tant que communauté regroupée a différencié les chrétiens baptistes de beaucoup d'autres. Lors de la Réforme, la relation qu'entretenaient l'État et l'Église était intime et compliquée. La discipline qu'infligeait l'un avait souvent des répercussions sur l'autre également. Il était entendu que tous ceux qui étaient nés à l'intérieur d'une certaine juridiction politique devaient pouvoir être membres de l'Église d'État. Le retour au baptême des croyants pendant la Réforme menaçait le cœur même de cette association, puisque les Baptistes définissaient

Historiquement, les Baptistes ont une compréhension unique de ce concept

l'Église comme la congrégation de ceux qui professaient leur foi personnelle, tout en démontrant concrètement les fruits de leur régénération, tel que l'enseignait le Nouveau Testament.

J'ajoute une note qui pourrait intéresser les historiens : l'Église en tant que communauté de croyants qui s'engagent volontairement a grandement contribué, notamment par le biais des Baptistes, à la liberté religieuse de notre nation. Cette affirmation vous surprend peut-être, puisque certains individus de notre époque voient les Baptistes comme la force d'un totalitarisme religieux, oppressif et ignorant. Historiquement, cette conception est très loin de la vérité et c'est terriblement ironique. D'une certaine manière, la liberté que quelques-uns utilisent pour écrire et parler de notre fanatisme est protégée par la compréhension même de l'Église que nous, chrétiens baptistes, avons défendue dans ce pays depuis trois cents ans.

En définitive, les membres de votre famille et vous ne faites pas partie de l'Église en vertu de votre postérité physique et naturelle ou de votre appartenance à cette nation. Il n'en est rien. Le Nouveau Testament enseigne que l'Église est pour les croyants. C'est pourquoi nous préconisons pour ce pays des lois qui donneront à cette Église la possibilité d'agir en toute liberté. Les Baptistes ne recommandent donc pas qu'il y ait une nouvelle religion d'État en Amérique; nous en sommes au contraire de fervents adversaires. Notre compréhension de ce qu'est l'Église ne nous autorise pas à encourager cette idée. Nous prônons plutôt l'évangélisation de cette nation par le biais d'Églises qui coopèrent librement en répandant l'Évangile de Jésus-Christ. Et une Église est un rassemblement local de chrétiens engagés envers Christ et les uns envers les autres.

III. Pourquoi se joindre une Église?

À l'époque où nous vivons, nos Églises et nous les chrétiens ne pouvons absolument pas éviter cette question. Elle est primordiale si nous voulons comprendre l'appel de Jésus-Christ à être son disciple. Vos bonnes œuvres, votre éducation, votre culture, vos amitiés, vos dons ou votre baptême ne vous sauveront pas plus que le fait de vous joindre à une Église. C'est pourquoi les incroyants ne devraient pas essayer de s'affilier à une assemblée, mais plutôt chercher à en connaître davantage sur ce que signifie être chrétien. Par contre, j'aimerais interroger ceux qui professent appartenir à Christ : Que veut dire vivre une vie chrétienne? La vie chrétienne se vit-elle en solitaire?

Nous pourrions poser plusieurs autres bonnes questions qui mettraient en évidence notre besoin de l'Église, mais je vous propose cinq raisons valables pour vous inciter à trouver une assemblée qui prêche l'évangile et façonne la vie chrétienne.

Cinq raisons de se joindre à une Église

1. Une assurance personnelle. Vous ne vous attachez pas à une Église dans le but d'obtenir le salut, mais pour affermir le salut que vous possédez. Rappelez-vous les paroles de Jésus rapportées dans l'Évangile de Jean :

> *« Celui qui a mes commandements et qui les garde, c'est celui qui m'aime. Celui qui m'aime sera aimé de mon Père, moi aussi je l'aimerai et je me manifesterai à lui... Si vous gardez mes commandements, vous demeurerez dans mon amour, comme j'ai gardé les commandements de mon Père et que je demeure dans son amour... Vous êtes mes amis, si vous faites ce que je vous commande... Si vous savez cela, vous êtes heureux, pourvu que vous le mettiez en pratique. »* *(Jean 14.21; 15.10, 14; 13.17)*

En nous associant à une assemblée, nous nous mettons dans une position où nous donnons à nos frères et à nos sœurs la permission de confronter nos paroles avec nos actions. Nous souhaitons que d'une part, ils nous encouragent en nous rappelant le travail que Dieu a déjà accompli en nous et que d'autre part, ils nous exhortent si nous nous éloignions éventuellement de ses voies. Votre adhésion officielle à une Église locale permet à celle-ci de rendre témoignage publiquement que votre vie a indéniablement été régénérée.

Ce n'est pas en devenant membres d'une assemblée locale que nous obtenons le salut, mais notre affiliation est la réflexion de ce dernier. Sans ce reflet, comment pourrons-nous reconnaître le salut qui est revendiqué?

Les membres d'une Église vivent côte à côte pour apprendre à se connaître les uns les autres et se laisser connaître; pour s'aider et s'encourager mutuellement quand ils ont besoin de se rappeler que Dieu œuvre dans leur vie ou pour être ramenés à l'ordre si leurs actions et leurs paroles ne concordent plus.

2. L'évangélisation du monde. Vous vous attachez aussi à une Église locale dans le but d'évangéliser le monde. Ensemble, nous faisons un bien meilleur travail, autant chez nous qu'à l'étranger. Nous nous acquittons de cette tâche en proclamant nous-mêmes le message de la Bonne Nouvelle à notre entourage et en aidant d'autres à le faire. Une Église locale est, par nature, une organisation missionnaire.

Nous soutenons cette œuvre par nos actions, en travaillant pour démontrer concrètement l'amour de Dieu envers les orphelins, les malades, les enfants ou les démunis. Par l'entremise de notre association d'Églises, nous aidons à répandre l'évangile à travers le monde et nous envoyons des millions de dollars et des milliers de bénévoles pour aider ceux qui font face à des besoins urgents tels l'assistance en temps de crise, l'éducation ou nombre d'autres ministères. Malgré nos imperfections, si l'Esprit de Dieu est véritablement à l'œuvre en nous, il disposera de nos vies et de nos paroles pour démontrer au monde la vérité de son évangile. Nous ne jouerons plus au ciel ce rôle spécial qui nous est donné ici-bas. Il s'agit du privilège particulier qui incombe à l'Église dans le siècle présent – elle fait partie du dessein de Dieu pour répandre son évangile dans le monde entier.

3. Démasquer les faux évangiles. Dieu nous unit également en communauté dans le but de mettre au jour les faux évangiles. Nous démontrons au monde ce qu'est vraiment le christianisme lorsque nous nous rassemblons. Dans nos Églises, nous renversons les images et les messages qui se prétendent chrétiens mais qui, en réalité, ne le sont pas. N'est-il pas évident que certains individus parmi ceux qui ne sont pas membres d'une Église évangélique doivent s'abstenir d'en faire partie parce qu'ils ne croient vraiment pas au même évangile? La mission de l'Église consiste entre autres à reconnaître et à défendre le véritable évangile, tout en empêchant qu'il ne soit falsifié. Nous devons prendre conscience qu'une des facettes de notre travail d'évangélisation pourrait être non seulement de présenter l'Évangile de Jésus-Christ en toute vérité, mais aussi de désarçonner les faux témoins, déroutants et tordus, qui se sont proclamés chrétiens, mais qui en réalité ne font qu'embrouiller l'Évangile plutôt que de le rendre crédible.

4. L'édification de l'Église. Le développement ou l'édification de l'Église constitue une autre raison pour y adhérer. Notre attachement à une assemblée nous aidera à contrecarrer nos mauvaises tendances individualistes et à vivre la nature communautaire du christianisme. Quand nous étudions le Nouveau Testament, nous découvrons que la vie chrétienne doit être caractérisée par un souci et le service des autres membres du Corps. C'est une partie intégrante de la définition de *chrétien*, et bien que nous l'accomplissions d'une manière imparfaite, nous devons nous engager dans cette direction. Nous désirons encourager tous les pas, même chancelants, qui conduisent à la justice, l'amour, l'altruisme et la ressemblance à Jésus-Christ.

Lorsque j'enseigne à ceux qui veulent devenir membres de notre assemblée, j'aime raconter l'histoire d'un ami qui travaillait pour une organisation chrétienne dans les universités, tout en fréquentant l'Église où j'étais membre. Il se faufilait à sa place juste après les cantiques, écoutait le sermon et repartait aussitôt. Un jour, je lui ai demandé pourquoi il agissait ainsi. « Hé bien, me répondit-il, parce que le reste du service ne m'apporte rien. » Je suis revenu à la charge : « As-tu déjà considéré devenir membre de l'Église? » Cette question lui a semblé complètement absurde et il a répliqué : « Pourquoi devenir membre? Je pense que si je me joins à eux, ils ne pourront que me ralentir dans ma vie spirituelle. » Devant sa réponse, je me suis demandé ce que signifiait pour lui être chrétien, mais j'ai continué : « As-tu déjà pensé que Dieu veut peut-être que tu tendes la main à ces gens? Il est certain qu'ils pourraient te ralentir, mais tu pourrais sans doute les aider à avancer plus vite. Cet échange fait probablement partie du plan de Dieu pour notre vie chrétienne communautaire! »

5. La gloire de Dieu. Finalement, un chrétien devrait adhérer à une Église pour la gloire de Dieu. Pierre a écrit ces mots aux premiers chrétiens : « Au milieu des païens, ayez une bonne conduite, afin que, là où ils vous calomnient comme faisant le mal, ils voient vos œuvres bonnes, et glorifient Dieu au jour de sa visite. » (*1 P 2.12*) N'est-ce pas surprenant? Encore une fois, il est évident que Pierre avait compris l'enseignement de son Maître. Vous vous souvenez des instructions de Jésus dans son Sermon sur la Montagne : « Que votre lumière brille ainsi devant les hommes, afin qu'ils voient vos œuvres bonnes, et glorifient votre Père qui est dans les cieux. » (*Mt 5.16*) Ces passages suggèrent de manière étonnante que Dieu recevra la gloire pour les œuvres bonnes que nous accomplissons. Si ce principe est vrai dans notre vie personnelle, nous ne devons pas être surpris si la Parole de Dieu affirme qu'il en est de même dans notre vie *communautaire*. Dieu veut que la façon dont nous nous aimons les uns les autres nous identifie comme disciples de Christ. Rappelez-vous les célèbres paroles de Jésus : « Je vous donne un commandement nouveau : Aimez-vous les uns les autres; comme je vous ai aimés, vous aussi, aimez-vous les uns les autres. À ceci tous connaîtront que vous êtes mes disciples, si vous avez de l'amour les uns pour les autres. » (*Jn 13.34-35*) Nous devrions être reconnus comme appartenant à Christ à cause de notre manière de vivre ensemble, à la louange et à la gloire de son Nom.

IV. Les critères d'adhésion à l'Église

Étant donné que nous vivons dans un monde déchu et que dans une certaine mesure, nous en sommes tous participants, comment décidons-nous que tel individu peut ou ne peut *pas* être membre d'une certaine Église? Qui en fait partie et qui demeure à l'extérieur?

Tout d'abord, pour être membre d'une Église, vous devriez avoir été baptisé comme croyant afin de témoigner que vous avez confessé vos péchés, que vous vous en êtes repenti et que vous croyez en Jésus-Christ seul pour votre salut. Les Écritures rapportent sans détour le commandement de Jésus : Baptisez tous ceux qui deviennent des disciples (*Mt 28*). Nous voyons, tout au long du livre des Actes, que les disciples avaient compris et obéissaient à cet ordre.

Nous croyons que le baptême est réservé à ceux qui ont confessé en toute connaissance de cause leur foi en Jésus-Christ. C'est pourquoi nous pensons que le baptême des nouveau-nés est une erreur de doctrine. Je vous propose cinq raisons pour appuyer cette croyance.

1. Personne ne conteste le baptême des croyants. Le débat se situe au niveau du baptême des nouveau-nés.

2. Dans le Nouveau Testament, il n'existe aucun *exemple évident* qu'un bébé ait été baptisé.

3. Le Nouveau Testament ne donne aucun *enseignement clair* concernant le baptême des nouveau-nés.

4. Nulle part, le Nouveau Testament n'établit de parallèle entre le baptême et la circoncision physique. En fait, Colossiens 2 associe sans équivoque le baptême physique à la circoncision *spirituelle* ou *du cœur*. Ce rapprochement soutiendrait donc l'idée qu'il ne faut baptiser que ceux qui manifestent visiblement être nés de nouveau.

5. Historiquement, le baptême des bébés ne se retrouve ni dans le Nouveau Testament ni dans la *Didache*, un manuel de piété chrétienne du début du IIe siècle. Il n'existe aucune preuve irréfutable qu'il était pratiqué durant les deux premiers siècles. Nous en trouvons quelques traces au IIIe siècle, mais il est différent du baptême des nouveau-nés tel que l'enseignent

certains de nos amis protestants réformés. Il s'apparente plutôt à celui que l'Église catholique romaine professe de nos jours – à savoir que le baptême opère réellement en nous la nouvelle naissance, la régénération, le salut. En fait, la doctrine de certains de nos amis réformés n'est apparue qu'après que d'autres Protestants aient réintroduit la pratique du baptême des croyants, vers 1520. Huldrich Zwingli est celui qui, le premier, a lancé l'idée d'un baptême des petits enfants qui n'apporte ni le salut ni la régénération.

Thèses bibliques confirmant le baptême des croyants

Dans ses lettres, Paul semble considérer comme un fait établi que ceux qui se font baptiser ont reçu la vie nouvelle (*Rm 6*) et la circoncision du cœur (*Col 2*). Il est donc essentiel qu'un individu soit baptisé pour devenir membre d'une Église. En effet, s'il y était admis tout en refusant d'obéir à un commandement si simple de Christ, il serait immédiatement sous le coup d'une sanction disciplinaire jusqu'à ce que l'assemblé décide de se conformer à l'ordre du Seigneur ou alors, elle devrait cesser de proclamer qu'elle est un de ses disciples. Aucune des exigences de Jésus-Christ n'est plus facile que celle-là.

Le repas du Seigneur

En étant membre d'une Église, vous devriez participer à la table du Seigneur. La signification essentielle de ce geste est que vous persévérez dans la vie chrétienne. Les Écritures rapportent les paroles mêmes du commandement que Jésus a laissé à ses disciples : Prenez le pain *en mémoire de moi* et prenez le vin *en mémoire de moi, toutes les fois que vous en boirez*. Nous savons, en lisant la première lettre écrite par Paul aux Corinthiens, que cet ordre était respecté à cette époque et qu'il l'a été depuis par tous ceux qui professent être chrétiens. La réunion de l'assemblée au repas du Seigneur représente symboliquement le rassemblement de ceux qui se nourrissent de Christ par la foi.

Notre présence

Les membres d'une Église se doivent d'être régulièrement présents aux réunions publiques. Notre présence constitue probablement le ministère le plus fondamental que nous exerçons envers les autres. Nous citons souvent ce verset qui en fait foi : « N'abandonnons pas notre assemblée, comme c'est la coutume de quelques-uns, mais exhortons-nous mutuellement, et cela d'autant plus que vous voyez le Jour s'approcher. » (*He 10.25*)

Le Nouveau Testament utilise plusieurs images pour parler de l'Église. Par exemple, si l'Église est comparée à un édifice, nous en sommes certainement les pierres. Si elle est un corps, nous en sommes les membres; si elle est la demeure de la foi, il est entendu que nous faisons partie de sa maison. Toutes les brebis appartiennent à un troupeau et les sarments sont attachés au cep. Selon la Bible, si quelqu'un est chrétien, il doit être membre d'une Église. Cette affiliation ne consiste pas seulement au relevé de notre adhésion consignée une fois pour toutes, ou à l'affection particulière que nous ressentons envers un lieu qui nous est familier. Elle doit avoir pour conséquence un engagement vivant, une présence régulière ou alors, elle est vaine et même plus, elle est dangereuse.

En effet, les « membres » qui ne sont pas engagés jettent la confusion autant chez ceux qui s'impliquent que chez les incroyants au sujet de la signification réelle du mot *chrétien*. Les membres « actifs » ne rendent pas service à ceux qui sont volontairement « inactifs » s'ils leur permettent de demeurer sur la liste officielle, puisque l'affiliation constitue la reconnaissance communautaire qu'une personne est sauvée. Je le répète pour bien faire comprendre mes propos : quand une Église accepte qu'un individu devienne membre de son assemblée, elle témoigne qu'il a reçu le salut. Dès lors, comment une congrégation pourra-t-elle confirmer en toute honnêteté que quelqu'un poursuit fidèlement sa course s'il est toujours absent?

Dans notre Église, nous cherchons continuellement à voir si des gens se sont tout simplement éloignés et nous essayons de les ramener ou de leur apporter les soins qu'exige leur situation particulière – qu'ils soient dans l'armée, au collège ou malades et incapables de quitter la maison. S'il s'avère que l'individu peut aller à l'Église, nous nous entendons pour qu'il soit retiré de la liste de nos membres le plus vite possible et nous l'encourageons à joindre une autre assemblée qu'il pourra fréquenter fidèlement.

La discipline

J'ai déjà mentionné cet autre aspect de l'adhésion à une assemblée – la discipline. L'enseignement de Jésus dans Matthieu 18 et de Paul dans 1 Corinthiens 5 et Galates 6 démontre hors de tout doute que l'une des tâches de la famille que constitue l'Église locale est de tracer les limites qui permettront d'exclure les gens qui refusent d'être exclus comme membres. Vous trouverez de plus amples informations sur ce sujet fondamental, mais négligé dans les ouvrages de Jay Adams, *Handbook of Church Discipline* (Zondervan, 1986) et de Mark Dever éd., *Polity : Biblical Arguments on How to Conduct Church Life* (Center for Church Reform, 2001). Adams aborde le sujet du point de vue presbytérien, alors que l'autre livre est une compilation de dix volumes datant du début du baptisme. Quoique les deux ouvrages traitent de la discipline en s'appuyant sur différents types de politique ecclésiastique, vous verrez qu'ils sont d'accord sur l'essentiel. Les deux livres se révèleront utiles pour tout pasteur ou leader d'assemblée.

L'amour

L'amour doit être manifeste parmi les membres de l'Église. Jésus lui-même a déclaré à ses disciples : « Je vous donne un commandement nouveau : Aimez-vous les uns les autres; comme je vous ai aimés, vous aussi, aimez-vous les uns les autres. À ceci tous connaîtront que vous êtes mes disciples, si vous avez de l'amour les uns pour les autres. » (*Jn 13.34-35*) Si quelqu'un décidait en toute légitimité de se dire chrétien, mais sans s'être engagé à aimer les autres chrétiens, il devrait considérer sérieusement ce que nous dit l'apôtre Jean : « Si quelqu'un dit : J'aime Dieu, et qu'il haïsse son frère, c'est un menteur, car celui qui n'aime pas son frère qu'il voit, ne peut aimer Dieu qu'il ne voit pas. » (*1 Jn 4.20*) Étant donné notre tendance à nous tromper nous-mêmes et à surestimer notre bonté naturelle, nous pouvons remercier Dieu de nous avoir laissé des moyens efficaces pour évaluer notre orgueil et notre aveuglement! La Bible enseigne clairement que donner et recevoir de l'amour chrétien fait partie intégrante de notre adhésion comme membres de l'Église, et nous le démontrons de plusieurs manières, que ce soit en remettant notre dîme pour soutenir le ministère ou en accueillant chaleureusement ceux que nous ne connaissons pas.

De nombreux autres gestes découlent de ces cinq éléments qui forment la vie d'une Église locale. Par exemple, nous demandons à nos membres de signer une déclaration de foi et une sorte d'alliance qui définit la manière dont cette déclaration sera appliquée concrètement parmi nous. Nous nous attendons à ce que les membres prient pour l'assemblée, qu'ils la soutiennent financièrement et qu'ils s'impliquent dans ses différents ministères. Le baptême, le repas du Seigneur, notre présence, la discipline et l'amour constituent en quelque sorte le cœur de l'adhésion à une Église locale.

C'est pourquoi, amis chrétiens, joignez-vous à une Église, ne faites pas seulement la fréquenter (bien que ce soit aussi nécessaire). Marchez main dans la main avec d'autres chrétiens. Trouvez une assemblée et associez-vous à elle pour que les incroyants voient et entendent l'évangile, que les chrétiens qui sont faibles obtiennent l'assistance dont ils ont besoin, que les chrétiens forts canalisent leur énergie de la bonne façon, que les leaders reçoivent encouragement et aide, pour que Dieu soit glorifié en toute chose.

CONCLUSION

Si vous désirez comprendre davantage en quoi consiste la vie communautaire d'une Église, la première lettre de Paul aux Corinthiens constitue une excellente épître à lire et à méditer. Vous y découvrirez que la sainteté, l'unité et l'amour sont les premiers traits distinctifs de l'Église.

Pourquoi en est-il ainsi? Parce que le caractère de l'Église doit refléter la nature de Dieu. Il nous faut être saints, unis et aimants, car c'est essentiellement ce qui caractérise Dieu. Nous devons donc être saints, car Dieu est saint; unis, puisque Dieu est Un; aimants, parce que Dieu est amour.

Tout d'abord, nous comprenons saint dans le sens d'être étranger dans ce monde tout en appartenant à Dieu d'une manière spéciale. Nous devons être purs. La sainteté doit être une qualité qui différencie l'Église; une signature, une manière d'être typique et spontanée. En observant notre Église, les gens devraient penser : « C'est une congrégation sainte » – *non* dans le sens où les individus qui la composent sont collet monté et suffisants, mais où l'assemblée offre, par son comportement, l'espérance d'une meilleure façon de vivre, plus humaine et qui honore Dieu davantage. C'est pourquoi les questions d'adhésion de membres, d'enseignement et de discipline sont si importantes. Pour ces raisons, soyons saints, car Dieu est saint.

Ensuite, nous devons être unis parce que Dieu est Un. En entamant sa première lettre aux Corinthiens, Paul rapporte le malheureux bilan des divisions et factions qui se sont formées dans l'Église, et dont il a entendu parler. Il est intéressant de noter qu'il traite de ce sujet d'un point de vue théologique. Remarquez les questions qu'il leur pose au regard de ces divisions : « *Christ est-il divisé?* » (*1 Co 1.13*). Quelle question fascinante! Quand on y réfléchit, il s'agit du principe de base de l'existence de toute Église locale. Paul considère les désaccords, puis s'interroge : Christ est-il divisé? La question sous-entend un concept théologique puissant, à savoir que l'Église est le corps de Christ. Cette idée nous rappelle que la responsabilité qui nous incombe de refléter l'image de Dieu est très sérieuse. Nos divisions sont doublement graves parce que, tout comme nos fautes et notre manque de sainteté, elles renvoient une certaine image de Celui que nous reflétons. Par conséquent, notre désunion projette une image erronée de Dieu et de sa nature.

Paul l'a expliqué ainsi : « *Vous êtes le corps de Christ, et vous êtes ses membres, chacun pour sa part.* » (*1 Co 12.27*). D'où Paul tenait-il cette idée, d'après vous? Je crois qu'il a saisi ce concept au moment même de sa conversion. Dans Actes 9, le Christ ressuscité lui apparaît et interrompt son expédition vers Damas où il se rendait pour persécuter les chrétiens. Que lui a dit Jésus-Christ? « Saul, Saul, pourquoi persécutes-tu les chrétiens? » Ce n'est pas ce qu'il a dit. « Saul, Saul, pourquoi persécutes-tu l'Église? » Non, il a plutôt demandé : « Saul, Saul, pourquoi *me* persécutes-tu? » Jésus a démontré par ces paroles le lien étroit qu'il entretient avec son Église. Il la voit comme son corps et nous sommes les *membres* de ce corps!

La Première Épître aux Corinthiens nous exhorte à exclure ceux qui aiment leurs péchés plus que Christ, surtout à cause de notre unité. Elle était censée être l'empreinte de l'Église. Elle transcendait l'ancienne séparation entre juifs et païens (*1 Co 7.19*), ainsi que toute autre division créée par le monde. Voilà pourquoi Paul fut si bouleversé en entendant parler des différentes factions dans l'Église. Leurs différends s'étendaient même jusqu'au repas du Seigneur, célébration ultime de leur unité. Lorsque des raisons charnelles poussent des Églises à se diviser, elles commencent à se réclamer de toutes sortes d'autres choses – nous sommes l'Église de tel pasteur, de tel style de musique moderne, de l'enseignement à la maison, des démocrates ou des tapis bleus. Cette forme de solidarité s'éloigne de l'unité chrétienne authentique. L'Église doit être unie.

Enfin, nous aimons parce que Dieu est amour. L'amour est le seul moyen d'être unis. Paul a écrit : « *Nous savons que tous, nous avons de la connaissance. – La connaissance enorgueillit, mais l'amour édifie.* » (*1 Co 8.1*). Ces paroles deviennent la base sur laquelle il élabore sa longue parenthèse des chapitres 8 à 14 et où il explique que l'amour et l'estime envers les autres doivent gouverner toutes nos actions. Le cœur de Paul débordait d'amour pour l'Église de Dieu. C'est pourquoi il a ajouté : « *...que tout se fasse pour l'édification* » (*14.26*), puis ensuite : « *...afin que tous soient instruits et que tous soient exhortés.* » (*14.31*) Paul avait un réel souci pour la santé de l'Église, n'est-ce pas? Cet intérêt n'est pas surprenant quand nous lisons les mots qu'il utilise pour nous rappeler son passé : « *Car je suis, moi, le moindre des apôtres, je ne mérite pas d'être appelé apôtre, parce que j'ai persécuté l'Église de Dieu.* » (*15.9*). Il est facile de voir pourquoi Dieu a utilisé un tel homme pour nous enseigner de tels préceptes : « *Que parmi vous, tout se fasse avec amour.* » (16.14)

Considérez l'amour que Christ nous a démontré en versant son sang et en offrant son corps en sacrifice pour nous (*1 Co 11.23-26*). Les chrétiens connaissent ces faits depuis le tout début. L'Église primitive en a fait une sorte de credo que Paul rapporte dans 1 Corinthiens 15.3-5 et qui commence ainsi : « *Christ est mort pour nos péchés.* » (*Voir aussi Rm 5.6-8; Ga 2.21; 1 P 3.18*)

Cet amour comporte une facette fort intéressante, à savoir le souci que les Corinthiens témoignaient aux autres Églises et que Paul recommande. Dès le commencement de sa lettre, il leur rappelle cette attitude : « *...à tous ceux qui en quelque lieu que ce soit...* » (*1.2*) C'est la conduite qu'avait adoptée Paul à leur égard. C'est pourquoi nous le voyons leur envoyer Timothée, son enfant bien-aimé (*4.17*). De même, à la fin de sa lettre, il leur écrit au sujet de « *la collecte en faveur des saints* » (*16.1-4*). Ces chrétiens de l'Église primitive cherchaient des occasions pour aider les autres à cause de l'amour. Notre assemblée fait-elle de même? L'Église se doit d'aimer parce que Dieu est amour.

Elle a pour vocation de manifester l'amour de Dieu dans un monde pécheur, égoïste et troublé. Nous acquittons-nous adéquatement de cette mission? Démontrons-nous, en tant qu'Église, la nature de Dieu?

Le Nouveau Testament emploie un langage aussi passionné pour parler de l'Église! Dans Éphésiens 5.25, nous lisons : « *Christ a aimé l'Église et s'est livré lui-même pour elle.* » Actes 20.28 nous enseigne que Dieu s'est donné pour elle et l'a acquise par son propre sang. Si nous sommes ses disciples, nous aimerons également l'Église, car Christ est mort pour elle. Pourquoi Dieu prend-il soin d'elle? Parce qu'il veut se glorifier à travers elle.

À mes yeux, l'une des déclarations les plus fascinantes du Nouveau Testament vient de la main de Paul : « *Si c'est dans cette vie seulement que nous espérons en Christ, nous sommes les plus malheureux de tous les hommes.* » (*1 Co 15.19*) Cette affirmation est importante pour les chrétiens qui sont insatisfaits. Nombre d'Églises modernes présentent une version du christianisme où toutes les souffrances sont consolées, tous les sacrifices récompensés et tous les mystères expliqués, au cours de la vie présente. Pourtant, ce n'est pas l'Évangile que Paul a enseigné, il ne s'agit pas non plus de l'Évangile du Seigneur Jésus et ce ne doit pas être celui de nos Églises. Si vous n'évaluez la vie d'un chrétien que de ce côté-ci de l'éternité, elle n'aura pas de sens. Ce fut le cas pour Christ et pour Paul. Nous ne sommes aucunement différents d'eux.

En fin de compte, voyez-vous, Paul faisait tout à cause de l'Évangile (*1 Co 9.23*). Notre Église a-t-elle la même pensée? Le genre de congrégation que Dieu désire et qui lui donne gloire est orienté en tout vers cette ultime espérance, de la proclamation du message de l'Évangile jusqu'à nos dons d'amour les uns envers les autres. Nous ne serons de fidèles représentants de notre grand Dieu qu'en agissant ainsi!

Dieu accomplit cette œuvre dans l'Église! Revenons à la première lettre de Paul aux Corinthiens : « *Dieu a choisi les choses viles du monde, celles qu'on méprise, celles qui ne sont pas, pour réduire à rien celles qui sont, afin que nulle chair ne se glorifie devant Dieu.* » (*1.28-29*). Savez-vous pourquoi Dieu a choisi d'utiliser des gens comme vous et moi, ou une entité qui paraît aussi faible que l'Église? C'est qu'il ne veut d'aucune manière éclipser la gloire de sa personne!

Il y a quelques années, j'ai assisté à une conférence où Mark Ross de la First Presbyterian Church à Colombia en Caroline du Sud nous a fait remarquer ce qui suit : « Nous sommes l'une des principales preuves que Dieu existe. » Il a ensuite ajouté : « Le plus grand souci de Paul concernant l'Église (dans Éphésiens 4.1-16) est que celle-ci manifeste et démontre la gloire de Dieu, défendant ainsi le caractère de Dieu contre les calomnies du royaume des ténèbres, l'ignoble mensonge qu'il ne vaut pas la peine de vivre pour lui. Il a confié à son Église la gloire de son nom même. » Il a conclu en disant : « Les différentes expériences de votre vie constituent des occasions que Dieu vous donne pour manifester et démontrer ses attributs. »

Si nous n'y prenons pas garde, notre individualisme peut dissimuler une forme inférieure de sainteté chrétienne qui tolère le péché. Notre égoïsme peut nous conduire à une fausse unité qui tend à cacher nos différends concernant l'Évangile en nous rassemblant autour de sujets de moindre importance. Notre nature charnelle peut même nous pousser à aimer pour de mauvais motifs, invoquant un attachement familial, puisque nous sommes ensemble depuis si longtemps; mais cette sentimentalité se situe en deçà des standards divins. Mes amis, aucune de ces choses ne doit caractériser notre Église, surtout parce qu'elles *mentent au sujet de Dieu*. Elles donnent de lui une fausse impression. La vraie sainteté comporte aussi de la discipline. Une réelle unité est bâtie autour de Christ – et la diversité de l'Église en donne la preuve. Un amour sincère transcende les sentiments et les liens qui se forment de façon naturelle.

Il se rapprochera de l'étranger pour l'amour de Christ. *C'est ainsi* que la gloire de Dieu est manifestée dans l'Église. Celle-ci ne pourra véritablement progresser que dans ces conditions.

En conclusion, comment manifestons-nous la gloire de Dieu? En organisant nos Églises selon le modèle qu'il nous a laissé dans sa Parole. En vivant pour lui, une vie de sainteté, d'unité et d'amour. L'Église est dévouée à cette cause; l'êtes-vous aussi?

L'ÉGLISE INTENTIONNELLE

Fondez votre ministère sur l'Évangile

MARK DEVER & PAUL ALEXANDER

Dans ce manuel pastoral, Mark Dever et Paul Alexander nous proposent une réflexion de théologie pratique sur l'Église locale ainsi qu'une boîte à outils pour en améliorer le fonctionnement. Ce livre ne propose pas le modèle à imposer à toute Église dans le monde entier ! Néanmoins, il regorge d'idées concrètes issues de leur expérience pastorale.

5,5 x 8,5 po | broché | 254 pages | 978-2-924595-30-5

L'ÉGLISE : UN BILAN DE SANTÉ

MARK DEVER

L'auteur cherche à aider les croyants à reconnaître les traits essentiels d'une Église saine : prédication par exposition du texte, théologie biblique et une compréhension juste de l'Évangile. Mark Dever interpelle tous les croyants à apporter leur contribution afin de garder l'Église locale en bonne santé.

5,5 x 8,5 po | broché | 124 pages | 978-2-924110-33-1

ÊTRE MEMBRE D'UNE ÉGLISE LOCALE

L'importance de représenter Jésus aux yeux du monde

JONATHAN LEEMAN

Jonathan Leeman aborde ce sujet en expliquant clairement ce que signifie « être membre d'une Église locale », puis il montre pourquoi l'adhésion à une Église est vitale pour le chrétien. En redonnant à l'Église sa juste valeur, l'auteur présente des arguments solides pour nous convaincre de nous engager auprès de notre assemblée locale.

5 x 7 po | broché | 174 pages | 978-2-924595-34-3

LA DISCIPLINE D'ÉGLISE

L'importance de protéger la réputation de Jésus-Christ et de son Église

JONATHAN LEEMAN

Jonathan Leeman nous aide à affronter la variété infinie de circonstances et de péchés pour lesquels il n'existe aucune étude de cas dans les Écritures, des inconduites qu'on ne retrouve sur aucune liste et pour lesquelles un cadre biblique est nécessaire, afin de pouvoir les corriger de façon appropriée et dans l'amour.

5 x 7 po | broché | 190 pages | 978-2-924595-44-2

LA PRÉDICATION TEXTUELLE

Comment bien communiquer la Parole de Dieu aujourd'hui

DAVID HELM

Le pasteur David Helm expose ce qu'il faut savoir et ce qu'il faut faire pour devenir un enseignant fidèle de la Parole de Dieu. En plus d'offrir des conseils pratiques et détaillés aux prédicateurs expérimentés et aux prédicateurs en formation, ce livre donne à chaque chrétien les outils nécessaires pour apprendre à reconnaître les signes d'une bonne prédication.

5 x 7 po | broché | 166 pages | 978-2-924595-22-0

LES ANCIENS

Comment devenir un berger comme Jésus

JERAMIE RINNE

Ce petit ouvrage offre des conseils pratiques pour les anciens nouvellement établis et il aide les membres de l'Église à mieux comprendre et soutenir leurs leaders spirituels. Il encouragera aussi les anciens plus expérimentés à embrasser leur appel avec grâce et sagesse, tout en leur donnant une vision claire de leur ministère.

5 x 7 po | broché | 176 pages | 978-2-924595-53-4

FAIRE DES DISCIPLES

Comment aider les autres à suivre Jésus

MARK DEVER

Comment la formation de disciples devrait-elle fonctionner dans l'Église locale? En s'appuyant sur les Écritures et des exemples de la vie quotidienne, l'auteur nous encourage à devenir des disciples qui font d'autres disciples et à cultiver la croissance spirituelle au sein de nos assemblées.

5 x 7 po | broché | 170 pages | 978-2-924595-57-2

Publications Chrétiennes est une maison d'édition évangélique qui publie et diffuse des livres pour aider l'Église dans sa mission parmi les francophones. Ses livres encouragent la croissance spirituelle en Jésus-Christ, en présentant la Parole de Dieu dans toute sa richesse, ainsi qu'en démontrant la pertinence du message de l'Évangile pour notre culture contemporaine.

Nos livres sont publiés sous six différentes marques éditoriales qui nous permettent d'accomplir notre mission :

Nous tenons également un blogue qui offre des ressources gratuites dans le but d'encourager les chrétiens francophones du monde entier à approfondir leur relation avec Dieu et à rester centrés sur l'Évangile.

reveniralevangile.com

Procurez-vous nos livres en ligne ou dans la plupart des librairies chrétiennes.

pubchret.org | xl6.com | maisonbible.net | amazon

-compliance